中等职业学校健康教育读本

学生健康指南

国家教委职业技术教育司组编

九州出版社
·北京·

图书在版编目（CIP）数据

学生健康指南/国家教委职业技术教育司组编
—北京：九州出版社，2013.7重印
ISBN 978-7-80114-090-6

Ⅰ.学… Ⅱ.国… Ⅲ.健康教育－中等学校－普及读物
Ⅳ.G479

中国版本图书馆CIP数据核字(95)第23266号

学生健康指南

作　　者	国家教委职业技术教育司组　编
出版发行	九州出版社
出 版 人	黄宪华
地　　址	北京市西城区阜外大街甲35号(100037)
发行电话	(010)68992190/2/3/5/6
网　　址	www.jiuzhoupress.com
电子信箱	jiuzhou@jiuzhoupress.com
印　　刷	九洲财鑫印刷有限公司
开　　本	787毫米×1092毫米　32开
印　　张	8.75
字　　数	190千字
版　　次	1997年6月第1版
印　　次	2013年7月第19次印刷
书　　号	ISBN 978-7-80114-090-6
定　　价	16.00元

编写说明

本书为国家教委职业技术教育司组织编写的中等职业学校健康教育读本。供各类中等职业学校学生阅读。

参加本书编写的人员有：中央教育科学研究所胡筠若（绪论、第六章），北京医科大学钮文异（第一章第一节、第三章第二、三节），北京师范大学王文娟（第一章第二节、第七章），北京预防医学科学院马冠生（第三章第一节），北京医科大学吕姿之（第二章、第四章），北京师范大学谷向东（第八章），北京西城区电子电器职业高中陶宏伟（第九章），吉林省《经济纵横》杂志社陈晓敏（第五章）。北京医科大学吕姿之教授和北京师范大学郑日昌教授对本书部分章节做了统稿工作。

国家教委副主任王明达同志直接过问、指导本书的编写工作，并亲自为本书作序。

本书参考并吸收了有关著作的成果，谨此说明。

由于时间仓促，水平有限，书中难免有不足之处，欢迎各位读者提出意见，以便不断修改完善。

序 言

每个人都希望自己有强健的体魄。对于中等职业学校的学生来说，身心健康无论对完成在校的学习任务，还是毕业后胜任职业工作，都是首要的基本的条件。现代意义上的健康，已不单纯指身体没有疾病，它还包含心理健康和具有良好的社会适应能力。积极探寻健康的生活方式，做一个健康的人，不仅应当成为当代青年所具有的思想观念，而且应当成为青年学生的自觉的行动。

中国经济要腾飞，中华民族要自立于世界民族之林，首先需要身体健康的一代青年，需要千百万高素质的社会主义建设者。当前，我国经济建设和社会发展对人民的整体素质提出了新的更高的要求。每一个职业学校学生都要意识到自己肩负的责任。从这个意义上说，青年学生身体健康与否，不仅关系到每个学生的成长，而且关系到我国社会主义现代化建设第二步、第三步宏伟战略目标的实现，关系到中华民族的未来。国务院 1995 年印发了《全民健身计划纲要》，明确提出全民健身计划以青少年和儿童作为重点。因此，学校要把健康教育作为一项重要任务。

中等职业学校的学生正处于生理、心理发育和世界观、人生观形成的重要时期，客观上需要学校对其成长给以指导。学校要通过加强健康教育，使学生了解有关健康的知识，并逐渐养成良好的行为习惯。作为学生，则要主动接受健康教育，增强自我保健意识，树立健康的新观念。要注意加强体育锻炼，养成在日常生活中讲究卫生的习惯，不断提高自己的身体素质，同时，要注意培养积极乐观的情绪和良好的个性，锻炼承受挫折、战胜困难的坚强意志，要学会关心别人、尊重别人，处理好人际关系，做到心胸开阔，有远大理想和抱负，使自己的人格更加完美、健康。

国家教委职教司请有关专家、教授为中等职业学校学生编写的这本《学生健康指南》，目的是通过向学生介绍生理、心理健康方面的知识，为学生提供一把打开健康宝库的金钥匙。这本书内容丰富、知识性强，适合中等职业学校的学生阅读，也具有一定的可操作性。相信它会对学生的健康成长起到积极的促进作用。

我国改革开放和社会主义现代化建设需要的人才是多方面的。优秀的科学家、工程技术人员是人才，优秀的产业工人、服务人员也是人才，是企业不可缺少的重要人才。希望中等职业学校的学生克服鄙视职业教育的旧观念，努力把自己塑造成一名德智体等方面全面发展的合格人才。

王明达

目　录

绪 论

一、什么是健康

健康的重要性几乎尽人皆知,但对于“健康”的理解却不尽相同。长期以来,人们通常认为不病不残便是健康。随着社会的进步、科学的发展,特别是现代生活的到来,人们对健康的认识也越加深刻和全面。现在,引用最为广泛并且得到公认的健康定义,是联合国世界卫生组织在其宪章中提出的“健康不仅仅是没有疾病或不虚弱,而是身体的、精神的健康和社会适应良好的总称”。这就是说,现代意义上的健康,已经大大超出了疾病的范围。一个人健康与否应从身体、心理和社会适应三个方面来评价。

那么,为什么要把心理健康和社会适应作为健康组合的有力补充和发展呢?

想一想在现实生活中我们所接触的人里,有没有这样的状况:体壮如牛,可胆小如鼠、意志薄弱;膀大腰圆,可心胸窄小、空虚颓废……这样的人能算健康吗?据了解,现在不少青年学生中存在各式各样的心理问题,如忸怩、胆小、忧郁、依赖、神经质、人际关系不良等。世界卫生组织和上海第二医科大学对上海青少年精神卫生问题的调查结果表明,1100 名学生中有上述问题的比例最低的项目是 10%,最高的项目达

40%。这说明,心理健康问题确实值得重视,身体无病即健康的观念亟须纠正。

不仅如此,医学的发展从理论上揭示我们,必须认识人体自身的整体性。人,作为一个整体,其心理健康和身体健康是不可分割的。在一定意义上还可以说,心理因素的重要性超过了生理因素。身体上的疾病很多是由于心理因素引起的。祖国医学认为,引起疾病的原因很多,但是七情过于波动,或波动持续过久,可使阴阳失调,气血不和,经络堵塞,肺腑功能失调,而引起疾病,如大怒伤肝,暴喜伤心等等。西医认为,心理的异常变化,如过分激动会使大脑皮层产生过度兴奋,从而使神经系统紊乱,导致循环系统、呼吸系统、免疫系统等机能失去平衡,引起一系列病变。这也是说心理与生理之间的联系。正如巴甫洛夫所说:"一切顽固沉重的忧郁和焦虑足以给各种疾病大开方便之门。"医生指出在一切不利的条件中,对人威胁最大的莫过于不良的情绪和恶劣的心境。对此,联合国卫生组织提出了一个响亮的口号:"健康的一半是心理健康"!

再说社会适应问题。现代社会对人们的精神状态和适应能力的要求不断提高。当代世界已进入信息时代,高速发展变化的世界给人们带来了以往时代所没有的诸多压力和问题。以我国而论,从社会经济体制改变、劳动的重新组合、家庭结构和人口结构的改变到与这些相关的个人生活中的挫折、多样的人际关系、紧张的工作与竞争、现代化的都市生活等等,都要求人们提高对社会的适应能力。如果人的社会适应能力不强,就会产生诸多的不适应、不协调,这种不适应、不协调得不到及时解决,压抑、紧张的情绪持久存在都可能导致身心疾病。因此,人类对健康的理解已经不能停留在只重生理状况而忽视心理因素及社会适应的重要作用了。

同时,科学技术与医学的理论也告诫人们,必须重视人体与环境的关系问题。人的机体必须与自然环境和社会环境相互协调才能获得健康。也就是说,个体的适应能力如何,即个体能否改变自己行为以适应环境,以及个体能否改变环境使之适应个体需要的能力,就不能不关系到一个人的健康,而成为"健康"的有机组成部分了。

综上所述,身体健康、心理健康、有一定的社会适应能力,才算健康。

按现代意义上的健康来说,一名中等职业学校的学生怎样才算是个健康的人呢?

简言之,一要生理健康,即通常说的身体健康,要发育正常,没有或少生疾病;二要心理健康,即有良好的心理状态,奋发向上,乐观自信,情绪稳定,友善待人,善于调控自己;三要有一定的社会适应能力,即能与家庭及社会人群关系协调、融洽,主动、积极地适应社会发展,同时又能参与社会服务,为社会的发展做贡献。

达到以上几点,无疑要求是比较高的。但是,对一名中等职业学校的学生来说,只有身心健康才能使你度过快乐、充实、多彩的青春年华,为你追求高质量的生活和高尚的人格目标、最大限度地发挥自己的潜能奠定基础。远而言之,你们是祖国明天建设大军的中坚力量,是跨世纪的一代新人。只有在今天努力使自己成为一名有理想、有文化、体魄强壮、精神健康的青年,才能在明天承担历史的重任,创造美好的未来。

二、学习健康知识的重要性

健康，从个体来说，是人的一项基本需要和权利；从群体来说，是社会进步的潜在动力，是民族素质的一个重要标志。所以，世界卫生组织提出“达到尽可能的健康水平，是世界范围内的一项最重要的社会性目标”。

1.达到健康要有一个过程。

一个人达到健康不是一蹴而就的事，它需要一个学习、认识、实践的过程。

首先，要有正确的健康观点。包括了解健康的含义，理解健康对人生的重要意义，树立对自己对社会健康状况的责任感，懂得积极进取的人生态度有助健康、消极颓废的人生态度有碍健康，确信健康的获得主要靠自己的努力，等等。

第二，要有基本的健康知识。包括人体生理知识，营养卫生知识，健康生活方式的知识，疾病预防知识，安全及自我防卫知识，心理卫生知识，环境卫生知识等。

第三，要有健康的行为。仅有正确的健康观和基本的健康知识是不够的，还必须在自己头脑里真正树立起有关健康的意识并在实际生活中去实行。

实行的内容既包括产生和形成各种有关自身及社会的健康行为，又包括改变自己以往形成的不利健康的行为习惯。只有将健康要求和卫生原则转化为自己的行为习惯，才是拥有了健康，才能享受健康所带来的丰富高尚的人生。

2.接受健康教育是帮助你达到健康的桥梁。

健康教育不同于一般卫生宣传或健康信息的传播，它是通过有目的、有计划、有系统的教育活动，促使人们自愿地采取有利于健康的生活方式，消除或降低危险因素，降低发病率。它强调改变人们的行为,以提高人的生活质量为目的。

在中等职业学校开展健康教育,主要是讲授基本的健康知识,传播有益的科学的信息,帮助大家建立追求健康、珍惜生命、热爱生活的科学观念并提供形成健康行为习惯所需要的卫生保健、安全防病、体育锻炼、消费行为、人际关系等方面的知识、技巧和方法。

在这本书中,还结合职校学生的年龄与学业要求的特点,告诉同学们,青春期来临之际,生理发育上的显著特征是什么;这一时期在心理上可能发生哪些以往没有过的特殊变化;应当在知识、心理和伦理道德方面作好什么准备。同时还就"人际关系与职业成功"、"就业前的心理准备"等问题,给同学们提出观点和建议,用以指导大家正确处理现实生活中的一些切身问题。

可见,接受健康教育是帮助同学们学会用科学知识保护自己身心健康,促进正常发育,养成良好行为习惯的一门重要课程,是帮助你达到健康的一座桥梁。

3.掌握健康的金钥匙。

一个人最宝贵的是生命,而生命历程中最宝贵的阶段便是青春时期。你们正处在这从童年向成年转变的黄金时期。这既是生理、心理成长的重要时期,又是道德观、人生观形成的关键阶段。此时人的接受能力最强,精力最旺盛,最富于模仿性和可塑性,也是最容易形成各种行为习惯的时期。而且这一时期某些行为习惯一旦形成,以后再改变就不那么容易了。因此,要在这一关键时期自觉地确立健康的行为习惯,使自己终身受益,切勿养成不良行为习惯而拖累一生。实践告诉我们,有些人后来在健康或行为方面出现问题,往往可以追溯到他们青春时期知识不足或教育不当。

一位医学专家曾经这样说过:“你作为一个人,对于你的健康和幸福能够做出比任何医学、任何医院、任何药物、任何其他人所劝告的多得多”。他的话是有道理的。因为影响人的健康的基本因素有三个:遗传、环境和行为。一般说来,遗传因素每个人都无法选择,也难以改变。以青年学生为例,同年龄的学生在体态、肤色、心理特征、生长发育等方面,存在着诸多的个别差异,这都与父母遗传给子女的生物特征的特殊作用有关。环境因素对人的健康也有重要影响。就个人来说,要彻底改变环境也是困难的。行为因素在影响人的健康的诸因素中是作用最大的。因为人们可以通过对行为的选择积极地朝着自己的发展方向努力。正确的行为选择可对遗传因素中的不足与缺陷起到改造或弥补作用;选择有利于健康的行为也可以创造适应环境的条件。青年学生在学习知识、接受教育中,正是通过知—信—行的高度统一,而达到形成健康意识和行为、避免和纠正有害健康的生活方式、追求健康完美境界的目的。因此应当说,打开健康宝箱的金钥匙就在你自己手中!

让我们每个同学都来珍惜自己一生中这最可宝贵的青春年华,努力接受健康教育,认真上好健康教育课,掌握和运用所学知识,不断提高行为选择能力,使自己建立科学、文明、健康的生活方式,为建筑自己人生大厦打好坚固的基础!

三、做自己健康的主人

健康是每个公民自己的责任,健康的生命首先取决于自己。世界卫生组织(WHO)曾向世界宣布,个人健康和寿命60%取决于自己,15%取决于遗传,10%取决于社会因素,8%

取决于医疗条件,7%取决于气候影响,而取决于个人的因素中,行为生活方式是最主要的因素。还有研究表明,患上呼吸道感染(如感冒)的人如能采用自我照料后,可减少44%的求医机会。美国疾病控制中心——一个很有权威的机构近年提出,如果美国成年男子能做到不吸烟、不酗酒、合理饮食、规律锻炼这四项卫生行为,就能使他们平均增寿10年,而数以亿计的钱投入于医疗设备等方面也难以使他们增寿1年。

第一章　青春期身心发育特点

青春是人生的黄金时代，“千金买骏马，何处买青春？”青春之所以宝贵，在于它正处于人生发展曲线中的高峰，是青少年生理发育和心理发展的急剧变化时期，被称为人生的“多事之秋”。在这一时期，身体快速增长，第二性征出现，生殖器官及内脏功能逐渐发育成熟，大脑的机能和心理智力发展进入高峰。它是人一生中最有活力和创造性的时期，也是人生观、理想、道德情操形成的关键阶段。

第一节　生理发育特征

像起伏的山峦一样，人的生长发育也不是均匀平直的。在人的一生中，从卵细胞受精到人体的生长发育成熟，是一个长达20年左右的连续统一的过程。其中有两次最突出的生长发育高峰（即生长突增），第一次是从胚胎中晚期到婴儿期，第二次是在青春期。青春期是人类发育进程的最后一个阶段，它是童年向成年的过渡时期。在我国青春发育期的年龄，女孩从十一、二岁到十八、九岁，也有从九、十岁开始的，男孩相对要晚1～2年。人们形象地比喻青春期的生长发育“像发了酵的面团”，在这一时期，不仅人的身高、体重增长迅速，更突出的是身体内部将发生质的变化，从不具有生育能力逐步走向性成熟。

一、身体外形剧变

男、女孩进入青春期后，在神经内分泌影响下，首先引人注目的是身体外形发生剧变：身高、体重迅速增长。此期身高平均每年可增长6～8cm，最多增长9～12cm，与青春期前平均每年增长3～5cm的速度相比，长势惊人。此期间，体重平均每年可增加5～6kg，最多增长8～10kg，以后身高、体重的增长速度又减慢，直至发育成熟、骨骼钙化。第二次生长发育突增中有几个特点：

1.生长发育突增中两次交叉现象：女孩突增年龄一般比男孩早2年左右。所以10岁以前男女孩身高、体重差异较少，男孩稍高于女孩。10岁以后，女孩身高、体重平均数均高于男孩，形成发育曲线上的第一次交叉。12岁左右男孩突增开始，1～2年后男孩进入发育高峰，而女孩则已进入缓慢生长阶段。故到14岁以后，男孩的身高、体重又超过了女孩，形成发育曲线上的第二次交叉。以后男女孩之间的差距继续增加，到18～19岁时，男孩各期发育指标的均值显著大于女孩。

2.身体各部分突增的表现不同：体现出"向心律"，即身体各部分发育突增顺序是：四肢先于躯干，下肢先于上肢，呈现自下而上，自四肢远端而至躯干近端的顺序。

3.男女孩的不同体态特点：男女孩在进入青春期后，身体各部分出现的一系列变化，使得男女孩具有不同的体态特点：男孩较高，肩部较宽大，肌肉发达结实，发际后移；而女孩较矮，臀部较宽大，身材丰满。这种差异随着年龄增长发生了显著的变化，最后形成真正两性发育的成人外形。产生这种现象的原因主要有以下几点：

(1)男孩身高突增年龄虽然晚于女孩，但生长期较长，且突增幅度明显大于女孩：在进入青春期后，一般男孩平均身高增长 7 ~ 9 厘米/年，女孩为 5 ~ 7 厘米/年，男孩进入身高速度高峰的一年间一般身高增高 7 ~ 12 厘米，女孩增高 6 ~ 11 厘米，结果使女孩的生长比男孩早几年结束，最终使得男孩比女孩高 12 ~ 15 厘米。

(2)男女孩瘦体重与体脂的差异：在青春期形态、生理迅猛发展的同时，体内各种身体成分也在发生深刻的变化。根据身体各种成分在代谢中的作用，一般可把人体区分成脂肪和瘦体重两大部分。

雄性激素可使青春期的男孩肌肉增长，肌力增大，特别是三角肌发达，使男孩膀大腰圆。男孩 30 岁以前肌肉一直在发育，而女孩一般在 18 岁左右就不再增长。在青春期结束时男孩的肌肉重量比女孩大 56%。雌激素可使脂肪堆积在胸部、腰部、大腿、臀部等处的皮下，尤其在臀部和大腿最为明显。女孩在青春期突增后脂肪仍在逐步增长，致使女孩臀部变宽，大腿变粗，使女性具有丰富的轮廓，出现成熟的体态。

4.青春期形态发育类型：青春期无论男女孩在形态发育上，都有早熟、平均、晚熟三种类型。早熟型的特点是身高发育早，但突增过程较短，因而开始显得较高，但最后不一定高于晚熟者。早熟女孩的体重与身高的比例一直高于晚熟者，最后形成高度的女性体态，而趋于矮胖型(骨盆宽，肩窄)。

5.了解自己：青少年可以根据以下评价表(表 1 ~ 表 4，据 1991 年中国学生体质与健康监测资料)，了解自己的身高、体重的生长发育水平。

表 1-1　　城镇男生身高发育评价表　（单位:cm）

年龄(岁)	下等←	→中下等←	→中等←	→中上等←	→上等
14	154.70	159.80	169.20	173.20	
15	159.71	163.20	171.80	175.50	
16	161.90	165.50	173.50	177.10	
17	162.90	166.50	174.10	178.00	
18	162.80	166.40	174.20	177.80	
19	163.40	166.60	174.33	178.10	
20	163.50	166.80	174.60	178.60	

表 1-2　　城镇女生身高发育评价表　（单位:cm）

年龄(岁)	下等←	→中下等←	→中等←	→中上等←	→上等
14	150.10	153.50	161.00	164.30	
15	151.45	154.60	162.00	165.30	
16	151.90	155.10	162.30	165.60	
17	152.00	155.20	162.50	165.90	
18	151.80	154.90	162.30	165.50	
19	152.50	155.80	162.80	166.07	
20	152.10	155.30	162.60	166.00	

表 1－3　城镇男生体重发育评价表　(单位:kg)

年龄(岁)	下等←	→中下等←	→中等←	→中上等←	→上等
14	39.80	44.30	55.70	64.70	
15	44.31	48.20	58.60	67.30	
16	47.40	51.10	61.80	72.10	
17	48.70	52.20	61.50	67.50	
18	49.60	53.00	62.00	67.00	
19	51.00	52.30	62.40	67.25	
20	51.30	54.50	62.60	67.27	

表 1－4　城镇女生体重发育评价表 (单位:kg)

年龄(岁)	下等←	→中下等←	→中等←	→中上等←	→上等
14	38.70	42.00	50.50	55.88	
15	40.80	44.00	52.50	57.50	
16	42.10	45.30	53.70	58.50	
17	42.90	45.80	54.10	58.40	
18	43.10	46.10	54.10	59.00	
19	43.90	47.00	54.60	59.00	
20	43.60	46.80	54.38	58.20	

二、内脏机能不断健全

青春期伴随身体形态发育的同时，呼吸、循环、消化、代谢、造血、免疫、运动等各种生理功能也发生了明显变化。在形态发育与功能发育的相互促进下，使机体发育渐趋成熟。一般常以心血管、肺、肌肉功能作为青春期功能发育的代表，常用的检测指标有呼吸频率、心率、血压、血红蛋白、肺活量、肌力及最大耗氧量等。这些指标中，心率和呼吸频率的均值曲线随着年龄增加而逐渐下降，肺活量则随年龄增加而增加。这是由于在青春期形态发育的基础上，心、肺功能相应增强，心脏每博输出量增加，每次呼吸量绝对值增加的结果，血压则无论收缩压、舒张压、脉压差均可见随年龄增加而增高。功能发育有以下特点：

1.随年龄增加而性别差异明显：从来没有“两次交叉现象”，与形态发育形成鲜明对比。

2.功能发育比形态发育相对落后：一般当身高突增时肌肉只是增长，在身高发育高峰后肌肉才变粗，所以肌力发育比身高发育要落后14个月，肌肉协调性也暂时较差。

3.女孩的功能发育有某些不利点：男孩的红细胞和血红蛋白在青春期开始后会有显著增加，从10岁到17岁，血红蛋白平均值从12.0g/dl增加到14.59g/dl，红细胞从460万/mm^3增加到530万/mm^3，而女孩无论是血红蛋白还是红细胞都增加很少。其原因有三方面：(1)女孩月经初潮来后，血液有丢失现象，而造血功能暂时还跟不上；(2)青春期不注意营养卫生的女孩较多，有的怕胖，用饥饿法使体重减轻。还有的有偏食坏习惯，引起营养成分不均衡。(3)雄激素能促进血红蛋白和红细胞的数量增加，而女孩体内雄激素分泌量很少这是主要原因。

三、身体素质不断增强

身体素质是指人体在运动中所表现出来的机能能力，包括速度、力量、灵敏度和柔韧性等。身体素质经常潜在地表现在人们的生活、学习和劳动中，自然也表现在体育锻炼方面。每当春暖花开的季节来临，到郊外春游，有的同学走不了多远就感到很累很乏，登山更是气喘吁吁，大有力不从心之感。但有的人则精力始终旺盛，走路轻快敏捷，好像有使不完的劲。在追打躲闪游戏中，有的同学反应很快，方向变幻莫测，非常伶俐。相反，有的反应迟缓，动作速度慢。有的人看上去虽然干瘦，却有很强的承重能力，可有的人体高块大，却外强中干。所有的这些虽然与身体强弱、坚持锻炼与否有关，但实质上反映出了每个人身体素质的好坏。在素质发育方面，男女差异在 12 岁以前不明显，12 岁以后逐渐加大。到 18 岁时，与男孩相比，女孩在速度和速度耐力方面只达到其 4/5，腰腹肌力只达到其 2/3，下肢爆发力只达到其 3/4，臂肌静止耐力只达到其 1/3。青春期素质发育有以下三个特点：

1.阶段性：素质发育是不匀速发育的。男孩有三个阶段：7～15 岁为快速增长阶段，15 岁时，男孩各项素质指标增长量均达到总增长量的 80%以上。16～20 岁为缓慢增长阶段，21～30 岁为稳定增长阶段。女孩则有四个阶段：7～12 岁为快速增长阶段(多数素质 12 岁时达到总增长量的 90%左右)，在 12～16 岁会有一个停滞下降阶段，17～20 岁又进入缓慢增长阶段，21～25 岁趋向稳定。

2.顺序性：由于各项素质增长的速度有快有慢，出现高峰的时间(即敏感期或关键期)有早有晚，所以在增长顺序上也有先有后(见表1-5)。

表1-5 身体素质与年龄的关系

身体素质	发展最快年龄(岁)
平衡能力	6~8
模仿能力	9~12
反应速度	9~12
协调力	10~12
灵敏性	10~12
柔韧性	10~12
节　奏	10~12
速　度	14~16
力　量	13~17
耐　力	16~18

(1)速度素质:一般在16岁时接近成人水平,18岁时达高峰,速度稳定阶段在20岁左右。应该在发展最快时期加强训练,但运动量应与成人有别,避免训练过度。

(2)力量:指人体肌肉在工作时收缩与放松的能力。一般男19岁,女18岁达到较高水平,持续发展到30岁。要根据个人体力特点,做到训练有别。

(3)耐力:指人体在长时间持续运动和疲劳后能迅速恢复的能力。它同心血管系统功能水平关系最密切,同时受呼吸、神经系统的功能状态制约。按上述器官系统发育进程,耐力运动一般要在25~30岁才能创造最佳成绩。

职业学校学生已经进入青春期,由于内分泌活动增强,生长发育进入第二次突增阶段，体内发生一系列复杂的变化。生理功能进一步加强，肌肉力量迅速发展，骨骼增长加速。因此适于肌肉方面的系统训练，应当活跃地从事田径项目和一般体育竞赛活动。青春发育期男女青少年的肺活量、握力都有一个突增阶段，在青春发育后期，男性的肺活量、握力比女性增长更快。尽管此期发育迅速，也不宜过早从事单项训练。一般 12～17 岁为全面发展时期，应侧重发展速度、力量和一般耐力，以促进机体全面发育。在掌握多种技能基础上，17 岁以后，可以进行专项训练。

3.性别差异：男女在素质发育上有一定的差异。12 岁以前性别差异不明显，从 12～13 岁开始，性别差异显著增大，而且年龄越大性别差异越大。

四、性器官与第二性征发育显著

性发育是青春期最重要的表现之一，包括生殖器官的形态变化、功能发育和第二性征发育，男女孩性发育表现不同。

1.男性性发育。

男性生殖器官分内、外两部分。内生殖器包括睾丸、输精管道和附属腺，外生殖器包括阴囊和阴茎。这些器官在青春期前发育都很缓慢，几乎处于静止状态；进入青春期后，在雄性激素的作用下，迅速发育，其速度远远超过其他系统，而和其他系统共同进入成熟阶段。

(1)形态发育：青春期前睾丸很小，12～16 岁期间迅速增大，17 岁达到成年水平。在此同时，阴囊开始增大，皮肤有些变红，出现皱折及皮肤色素沉着。睾丸发育后 1 年左右，阴茎开始变粗变大，阴茎长度，宽度增加。随着阴囊进一步生长，阴茎长度、宽度更增大，阴茎头形成，阴囊继续增大，皮肤颜色变深，生殖器大小、形状变为成人型。

(2)功能发育：主要表现为遗精(青春期后健康男性都有的正常的生理现象)。首次遗精多数发生在夏季。初期精液主要是前列腺液，有活力成熟精子不多。首次遗精发生后，体格发育趋势减慢，而睾丸、附睾、阴茎发育迅速，很快接近成人水平。

(3)第二性征发育：男性第二性征发育主要表现在毛发生长、变声和喉结。毛发指阴毛、腋毛和胡须。男孩阴毛发育可分四度：Ⅰ度：无阴毛出现，Ⅱ度：阴茎根部及耻骨部出现短小、色淡、细软的阴毛，量稀少；Ⅲ度：阴茎根部及耻骨部阴毛稠密而长，色较黑，稍硬；其分布扩展到耻骨联合上缘及腹股沟部而呈倒三角形(▽)；Ⅳ度：阴毛密而长，色黑质硬，分布较广，两侧继续向腹股沟部扩展，上方越过耻骨联合上缘，并向下腹部呈菱形(◇)或盾形(♢)，也有的始终呈倒三角形。

腋毛一般较阴毛出现晚1~2年，但也有少数男孩腋毛发育早于阴毛。腋毛发育也可分为四度。以双臂侧平举拉时观察，腋毛生长开始于腋窝的外侧，随着成熟进程而向腋窝中央扩展，但是达内侧者极少。Ⅰ度：无腋毛；Ⅱ度：腋窝外侧出现细软、稀短的毛；Ⅲ度：腋窝外侧毛较密而长，中心部也出现短细的毛；Ⅳ度：腋窝外侧及中心部腋毛均变得密而长，色黑稍粗硬。

腋毛出现1年左右，唇髌部开始长出胡须，前额变宽，额部发际后移，逐步形成男性成人面貌。在出现腋毛的同时，有1/3~1/2的男孩乳房也发育，经常是一侧，有时两侧都有，表现为乳晕增大，乳头突起，少数在乳晕下可触及硬块，有纽扣大小，甚至有些乳房也轻度隆起，少数有轻微触痛。

声音的发育一般可分为未变声、正变声及已变声三度;喉结则可分为未突出及突出两种。男孩青春期发育的个体差异很大,但各性征出现顺序大致相似;睾丸最先发育,1年以后阴茎开始发育,与此同时出现身高突增,身高突增高峰后1年肌力开始突增。

2.女性性发育。

(1)形态变化:女性生殖器官分内、外两部分。内生殖器包括阴道、子宫、输卵管及卵巢。外生殖器(外阴)包括阴阜、大小阴唇、阴蒂、前庭和会阴。这些器官在青春期前发育缓慢,基本处于幼稚状态,进入青春期后,在促卵泡生成激素、促黄体生成素及雌性激素作用下,内外生殖器官迅速发育,并与其他系统共同进入成熟阶段。

(2)功能发育:随着性发育的逐渐成熟,出现了月经周期。所以女孩子第一次月经(月经初潮)是青春期重要的标志之一,月经初潮多数发生在夏天,年龄各国各地有所不同,范围波动在10~16岁之间。欧美国家较早,发展中国家较迟,月经初潮早晚和经济水平、营养状态有关。女性月经初潮年龄比男生首次遗精年龄平均约早2年。初潮早的女孩一般属于早熟类型,她们发育早,生长突增开始也早,但身高较早停止生长,成年后一般趋于矮胖体型(骨盆宽、肩窄),相反,初潮晚的女孩发育较晚,长大后一般多趋于瘦高型。月经初潮发生,意味着女孩身高猛长的时间已过,所以身高一般不会再有大幅度的提高,一般再增长5~7厘米,极少数可超过10厘米。月经初潮后身高生长的潜力与初潮发生的早晚无关。

(3)第二性征发育:主要指乳房、阴毛、腋毛发育。第二性征发育出现的年龄和顺序有明显的个体差异,其中乳房的发育最早出现，可分成五期。Ⅰ期：从出生到青春期前，乳房未开始发育。Ⅱ期：蓓蕾期（乳腺萌出期），乳头隆起，乳房和乳晕呈单个小丘状隆起，伴乳晕增大。Ⅲ期：乳房、乳晕进一步增大，二者仍在同一水面上，乳晕色素增深。Ⅳ期：乳头和乳晕突出于乳房丘面上，形成第二个小丘。Ⅴ期：成熟期，乳房更大，但乳晕与乳房又在同一丘面上。乳房发育可早至8岁，多数在13岁以前开始。阴毛出现年龄多数与乳房开始发育时间相近。有些女孩阴毛出现和乳房发育的时间间隔很长，甚至在乳房发育第Ⅳ期才出现阴毛。腋毛则通常在乳房发育的第Ⅲ、Ⅳ期才出现。极少数女孩腋毛和阴毛的出现可早于乳房发育。腋毛开始出现一般在阴毛出现半年至1年以后。

女孩青春期生长突增开始常早于其他发育指标。男孩先有睾丸、阴茎的发育，然后才是生长突增（即当他们生殖器官开始发育时，就可推测全面的青春期突增就要来临了）。而女孩常在不知不觉中已开始迅猛长高，然后才有乳房发育。

第二节　心理发育特征

青年初期，不仅是一个人生理发育逐渐成熟的过渡时期，而且是心理发展，个性形成并树立世界观、人生观，完成社会化成为一个劳动主体的过渡时期，是心理从动荡不安走向成熟的时期。

青春期心理发展的突出特点是发展的不平衡性。首先表现在心理与生理发展的不平衡。十四、五岁，生理发育已基本成熟，但心理在理智、情感、道德、社会交往等方面均未完全成熟，还带着许多童年期的幼稚；其次是心理与社会关系发展的不平衡，这时青年不免接触社会，要适应与他人之间的关系，但心理的发展还不能很好地处理社会关系。这个时期，是一生中矛盾冲突发生最多的时期。

一、认知发展

认知是人认识客观世界的心理活动，包括感觉、知觉、注意、记忆、思维、语言等，也就是人对外界信息的感知、贮存和使用的过程。

1. 观察力的发展。

认知过程的最初形式是感觉和知觉。感觉是直接作用于感觉器官的客观事物的个别属性在头脑中的反映。知觉是直接作用于感觉器官的客观事物整体在人脑中的反映。

观察是有意识的、有计划的、持久的知觉活动。童年期人的观察力已有了一定发展，算术、写字、写作均需观察。到了青年初期，观察的目的性、持久性、精确性和概括性有了明显的进步。有人曾对航模小组的同学进行研究，发现在寻找飞机模型故障的观察中，初二学生能平均坚持 1 小时 35 分，高一学生能平均坚持 3 小时。另有人研究图形辨别能力，设计 9 幅大照片和 50 幅小照片，每幅小照片是大照片的一部分，要求被试者迅速辨认一张小照片是大照片的哪部分。结果表明，初中生的正确辨别率是 30%，而高中生的正确辨别率是 50%。

2. 记忆力的发展。

记忆力是人脑对已发生过的事物的反映。青年初期的记忆力，以理解记忆为主，是人一生中的最佳时期。

儿童的记忆主要是机械记忆，也就是死记硬背。少年就能在理解的基础上记忆。青年初期随着思维能力、语言能力的发展,理解记忆大大地发展。研究证明,材料便于理解时,高中生记忆的量多于初中生。高中生记忆公式、定理、概念和事物关系的能力优于初中生。另外,青年初期,人能有目的、有计划地进行记忆。

3.思维的发展。

思维是人脑对客观事物的概括的、间接的反映,即通过语言、经验和其他事物作中介对同一类事物本质特征和规律的认识。青年初期,思维发展快,与童年时期比有以下特点:

(1)能动用理论、假设进行思维。离开具体事物,运用抽象概念进行逻辑思维,能按提出问题、明确问题、提出假设、制定解决问题的方案并实施方案、检查假设的完整过程去解决思维的课题。

(2)思维具有预见性。能对事物之间的规律、联系提出假设,并设计方案验证假设。

(3)对思维的自我监控能力显著增强。能够对自己的思维进行自我反省、自我调控,以确保思维的正确性和高效性。

(4)思维的创造性提高。能提出假设、理论,思维的敏捷性、灵活性、深刻性、创造性和批判性明显增强。

(5)辩证思维迅速发展。能理解特殊与一般、归纳与演绎、理论与实践的辩证关系,能用全面的、发展的、联系的观点分析和解决问题。

4.创造力的发展。

创造力是产生新思想、新发现和新事物的能力。创造力的核心是思维能力。创造力是一种极为重要的心理素质,是学习和工作的基础。青年初期是创造力大发展的时期。

创造力与先天素质有关,也受教育、环境的影响。可以通过训练提高创造思维能力,来提高创造力。

创造力与求知欲和学习兴趣有关。据调查,青少年科技创作获奖者平时去阅览室、图书馆学习的情况是:获奖者常去的为56.7%,偶尔去的为38.1%,从不去的为5.2%;一般中学生常去的为23.5%,偶尔去的为53.4%,从不去的为23.2%。65.8%的获奖者感兴趣的课外读物是科普读物,66%的一般中学生感兴趣的课外读物是文艺小说。

创造力还与独立自主性有密切的关系。对青少年科技创作获奖者调查显示:喜欢提问的占90%,不喜欢提问的占10%;与一般人看法常不一致的占65%,一致的占35%;喜欢个人做作业的占75%,喜欢与同学一起做的占25%;工作、学习主要不是为了求得赞扬的占57%,想得到赞扬的占43%;遇到困难,能独立钻研的占51%,请教别人的占49%。他们共同特点是善于发现和提出问题,喜欢独立钻研,不怕困难。见解独特,不盲目迎合权威,不刻意追求别人的赏识和称赞,勇于坚持真理。

创造力与意志力也有较大的关系。遇到困难就退缩,怕吃苦,不想受累,想轻而易举取得成功的人,创造力是发展不好的。

二、个性发展

1.年龄特点。

个性是一个人经常表现出来的,具有一定倾向的、稳定的心理特征的总和。是一个人区别于他人的基本精神面貌,主要包括自我意识,个性倾向和个性心理特征。青年初期,个性趋于定型,即开始有了稳定、持久的心理品质。

(1)自我意识。

自我意识是自己对自己的心理、身体、行为以及自己与别人、自己与社会的关系的意识。主要包括自我认识、自我体验、自我调控三方面,它是人们自我教育的基础,直接关系到个性的发展。

人的个性,既是社会化的产物,同时又是自我塑造的产物。青年初期,个性是在自我意识的参与下形成的。人并非被动地接受遗传对个性的影响,而是根据自己对生理特征的评价形成相应的个性。比如同是有生理缺陷的人,有的悲观沉沦,怨天尤人;有的则乐观向上,自强不息。当一个人意识到自己应朝什么方向发展,怎样才能实现这种发展时,便会调动自身的潜力,向这一方面努力。不同的自我意识会使人有不同的发展方向。比如对自己生理状态意识占优势的人,会主要追求外表与物质欲望的满足;对人际关系、社会关系的意识占优势的人,会追求荣誉地位;对自己心理状态意识占优势的人,会追求政治、宗教的发展。

一位心理学家说过"青年初期最宝贵的心理成果是发现自己的内心世界。这种发现对青年来说,是一场哥白尼式的革命。"随着身体发育的成熟,社会、成人对其态度的改变,这时青年越来越把注意力指向自身,主动地对自己的内心世界和行为进行观察、分析,开始认识以前从未注意到的自己的许多方面的细节,充满自我炫耀的冲动,常喜欢标新立异,开始不把权威、传统的社会习惯放在眼里。我行我素,强调自己,维护自己。所有这些均是正常的心理,一般人这时只是暂时的自我中心和无意识的利己主义,而不是道德上的自私自利。

青年初期的自我意识不仅表现在对自己内心的关注,还表现在关注自己的外貌和举止,许多同学喜欢照镜子,对穿什么衣服开始有了自己的主意，而且经常为了衣着、打扮与父母、教师冲突，对自己是否会发胖、能否长高，青春痘该怎么办等开始关心。同时希望自己潇洒、漂亮，成为别人注目的中心。这种对外表的关注一般会随年龄的增长而减少，慢慢地习惯自己的外表，转向关注智力、才能、意志品质等其他方面。

除了注意自己的内心、外表外，处于青年初期的人还分外关心他人对自己的评价。自我评价能力较童年期有了发展，但不够全面。常存在一种有利化倾向，即自我评价总是趋向有利于自己。比如不少同学评价自己取得的好成绩时，常不自觉地将其归于自我的能力、素质和自己的主观努力；而在评价自己的过失时，常有意无意地夸大客观困难，为自己开脱，以避免不愉快的感受。在评价他人时，则存在一种与评价自己相反的倾向。常认为他人的成绩好，是因为他人的客观条件好；他人的失误，是因为他人主观不努力。这样可间接地减轻自己的压力，间接地肯定自己的素质。青年初期，人的自我评价容易出现高估或低估的倾向，顺利时，高估自己的能力，沾沾自喜；不顺时，低估自己的能力，沉沦沮丧。这说明，青年初期自我评价能力虽开始发展，但还不完善。

随着自我意识的深入发展，青年的自尊心越来越强。自尊心是一种尊重自己人格，不容别人亵渎、侵犯，希望别人尊重的态度。青年初期，人的自尊心非常敏感，大多数人希望自己在社会中得到承认和鼓励，生怕别人瞧不起。如果自尊心受到伤害和长期得不到满足，就会以嫉妒、暴怒的方式表现自尊心。有的以自欺欺人的方式，有的靠破坏纪律，违犯道德来表现自尊。一些在校一贯表现不良的学生，多数不是没有自尊，而是以扭曲的形式维护自尊心。

青年初期是自我意识矛盾最多的时期,这些矛盾解决不好,不利于自我意识的确立和个性的发展。矛盾之一是自己对自己的评价和他人对自己的评价常不一致。一般来讲,在智力和气质方面,自我评价与他人评价之间的差距较小;在外貌的美丑方面,两者的差距较大;而对性格和品质的评价,两者的差距最大。调查表明,青年初期,人对符合社会要求的优良品质会自我夸大,不符合社会要求的不良品质容易自我忽略。矛盾之二是理想的自我与现实的自我之间的不一致。理想自我是自己在头脑中想象的,自己所期待的未来的自己。一般人理想自我均超过现实自我的发展水平。处理好这一矛盾,可使理想自我成为现实自我的动力;处理不好,可能会放弃理想追求。

(2)需要。

个性倾向是人对认识活动的趋向性和选择性,包括需要、动机、兴趣、理想、价值观、人生观等。需要是人行动的内在动力。

青年初期的主要需要有:

①友谊的需要。

青年初期是结交朋友的需要要求很强烈的时期。对初中生调查,持“有没有朋友都可以”的观点的占12%,而高中生中占3%。发展友谊,是青年初期的一个重要课题,与人交往,珍视友谊,是心理健康的表现。

②独立自主的需要。

青年初期比少年时独立自主的要求更强烈,过多的限制、指责,会令其反感。

③理解的需要。

青年初期,人的被理解、认可、信任的需要十分强烈。满足了这种需要,能产生温暖和对人的信任感;反之,则产生矛盾、烦恼和不安。

④发展自我的需要。

青年初期,人强烈地希望自己在知识、能力、个性方面得到发展。据调查,我国小学六年级200人中只有36人有此要求,初中生200人中,有86人有此要求;高中生200人中,有134人有此要求。

2.气质与性格。

气质是一个人心理活动的稳定、典型的动力特征。指心理活动的速度、强度、灵活性、情绪情感的强弱、意志努力程度等。气质相仿的人在相同的情境下会表现出类似的心理反应及行为。气质主要由遗传决定的。心理学将气质分为四种类型。

多血质:这种人感情容易表露,思维灵活,反应迅速,适应性强,但做事欠考虑,容易盲动出错,同时缺乏耐力和毅力。

胆汁质:这种人以精力旺盛,行动迅速,感情用事为特征。

粘液质:这种人不易暴露情感,做事谨慎,三思而后行,以稳重、持久、缺乏灵活性为特征。

抑郁质:这种人想像力丰富,做事优柔寡断,以思想敏锐、行动缓慢为特征。

生活中只有少数人的气质典型,大多数的人偏向某一种气质类型,或属于中间型。

气质主要是由遗传决定的,没有好坏之分。环境和教育的影响,也会使气质发生一些变化,人随着年龄的增长,气质会由多血质和胆汁质向粘液质和抑郁质方向发展。

性格是人对客观现实的态度以及与之相适应的习惯了的行为方式的总和，是个性鲜明的表现，是个性中最重要的、最显著的心理特征。性格受遗传、自我意识、意志品质，所受教育、家庭环境、社会环境等多方面的影响。青年初期是性格的定型阶段，稳固的态度和行为方式日渐成熟，性格改变相对困难，但可有意识地通过一些不良行为的改变来优化性格，从而完善个性。

青年初期性格发展的特点为：

(1)性格的理智特征，即认知过程的性格特征趋于成熟。喜欢怀疑、探索、争论，容易接受新事物，行事较少年谨慎、沉稳，但由于思维的独立性和批判性不完善，故而容易偏激，爱走极端，易肯定一切或否定一切。

(2)性格的情绪特征趋于成熟。少年时期，由于身心的变化，情绪激荡、不稳，做事急躁、鲁莽，而青年初期则相对平稳。

(3)性格的意志特征趋于成熟。在做事是否有独立性和主动性，能否持之以恒，以及是否善于自我控制，均趋于定型。

(4)对现实生活的态度趋于定型。是守纪还是散漫，诚实还是虚伪，积极还是消极，自信还是自卑等，均趋于定型。气质和性格有区别又有联系：气质主要是先天的，而性格主要是后天的；气质和行为的内容无关，而性格则是构成行为的内容；气质影响性格的形成，性格对气质也有反作用。

三、性心理发展

青春期性心理发展的最大特点是性发育迅速成熟与性心理相对幼稚的矛盾。

性心理的发展大致可分为三个阶段：

1.性无知阶段：

十、十一岁之前的孩子，一般只知道男女有别，外生殖器不同，并不理解其内在的意义，也不大关注性别差异和异性。

2.性朦胧阶段：

十、十一岁—十三、四岁之间的孩子，随着性器官、性机能的发育和逐渐成熟，他们在生理上开始出现了一些前所未有的、急剧的和显著的变化，大多数少年在感到兴趣和好奇的同时，也出现了不同程度的感到不安、害羞、害怕和困惑等心理状态；同时由于生理上性特征的变化，使他们对性有了模糊的认识，心理开始对异性产生了兴趣和接近异性的愿望，喜欢在异性面前表现自己，对异性有一种神秘感、好奇感，想了解更多的关于性方面的知识。但现实中，他们不少人却往往表现出对异性的故意疏远、排斥或不屑一顾，不与异性来往，也嘲笑与异性交往的同学。例如在学校出现的男女同桌画线为界、男女同组各行其是等现象，然而，他们内心却渴望与异性接触。这是性发育成熟与性心理相对幼稚的一种矛盾表现。

3.性思慕阶段：

十三、四岁以后，由于性器官和性功能的迅速发育成熟，男女生逐渐理解了两性关系，产生了比较清晰的性意识，开始爱慕异性，对异性评头品足，在某些场合，会掩饰自己来博得异性的喜欢，有时，在外界刺激下会有性冲动。

在学校里，各方面表现突出的同学常常被异性喜欢，如学习好，有绘画、体育、文艺等方面的才能，甚至是顶撞老师、喜欢打架的同学。这是由于孩子心理发展和个性发展的局限性，使得他们的性心理发展表现出相对的幼稚性。他们对异性的思慕，往往带有很大的好奇和模仿成分。这时候，人对异性的喜欢主要受情绪的左右，意志力对性冲动控制薄弱，这时候谈恋爱的绝大多数人处理不好学习与感情的关系，影响学习，影响参加集体活动，也影响团结，最终并不愉快。这些人对爱情的理解很单纯，认为爱就是爱，不附加任何社会因素，而对什么是真正的爱情，以及爱情所包含的社会责任和义务，知之甚少。例如在一些青少年中存在的"纸条恋爱"、"网上恋爱"、"朦胧狂恋"等等，就是带有很大的好奇和模仿成分。尽管处于这种状态的学生有时会认为自己是认真、严肃地对待爱情的，但是鉴于他们知识阅历，生活经验的缺乏，对压力、失败心理准备的不足，难免会造成心灵上的创伤。可见，中学生盲目早恋和冲动性的异性交行为，恰恰是他们性心理发展很不成熟、相对幼稚的反映。这是值得全社会共同重视的问题。

两性的情爱、性爱，是人之本能，也是人世界最美好的情感之一，男女之间除了相互喜欢外，还要能够承担经济上、道义上的责任，要有阅历、有理智，要懂得做人的准则，才能谈爱情，爱情才更幸福、更美好。

第二章 青春期常见卫生问题与疾病的防治

第一节 青春期常见卫生问题

一、痤疮

痤疮，又名粉刺，俗称青春蕾或青春疙瘩，是青少年常见的生理现象。一般男性比女性多见，好发于颜面部、上胸部和背部。痤疮并不影响健康，但因为影响面容美观，往往使青少年感到烦恼。

引起痤疮的原因是什么呢？

人的皮肤里有皮脂腺，皮脂腺能分泌油脂一类的东西，分泌量的多少受内分泌的控制和调节。青春期时，由于雄激素分泌多，使皮脂腺的分泌大增，皮脂堵塞在毛囊口不能畅快地排出，于是形成一个又一个的小白点，鼓起在皮肤表面上，这就是粉刺名称的由来。以后小白点的顶端被空气氧化而变黑，所以又有黑头粉刺之称。这些粉刺很容易引起局部发炎，形成脓疱，脓疱一旦破溃，炎症会自然消失而形成瘢痕，这时脸上便出现凹凸不平的小丘，面容皮肤的光滑美观就受到影响了。

痤疮一般不需要特别治疗，大约 25 岁以后，症状慢慢减

轻和自然痊愈。但是,要特别注意妥善处理,否则会留下瘢痕。要注意以下几个方面:

1.避免情绪焦虑和紧张,保持乐观愉快的情绪,要认识到痤疮是可以自愈的一种暂时性生理现象。

2.保持皮肤清洁,常用温水洗脸,避免用碱性大的肥皂,不用多油脂和刺激性强的化妆品,避免油脂进一步堵塞毛囊,使痤疮加重。

3.洗脸时可以用毛巾轻轻擦皮肤,让淤积的皮脂从皮肤排出,但绝对不能用手去挤、掐、挖粉刺,这样做容易发生感染,形成脓疱和瘢痕。

4.平时多食含维生素 A、C、E 和纤维素的食物(如蔬菜、水果等),饮食要清淡,少吃甜食和油腻食物,少吃或不吃姜、蒜、辣椒,少饮浓茶、咖啡等刺激性饮料,不吸烟、不酗酒,保持大便通畅。

5.如果局部有感染现象,可适当用些硫磺、硫酸锌等外用药,也可较长期的小量口服消炎药,如果症状严重,也可用小量雌激素短期治疗。有人研究用中药苦杏仁数个碾成细粉,加鸡蛋清调成糊状,晚间涂上清晨洗去,4 天为一个疗程,亦有一定的疗效。

必须强调的是,任何一种治疗都必须在医生的指导下进行。

二、月经期卫生

女性在月经初潮后半年到 1 年时间内,月经周期不太规则,在生活环境和情绪突然变化时也容易出现月经失调现象,如月经量或多或少,经期提前和推迟以及痛经等。一般在短期内能够恢复常态。如果闭经或经期延至 11 天以上和出血量过多时应及时到医院诊疗。

在月经期间，身体会出现一些变化，如轻微下腹痛，容易疲劳，尤其是月经期由于子宫内膜脱落，血管破裂未愈合，形成了一个“伤口”，加上子宫口微微张开，不利于细菌生长的阴道酸性分泌物被经血冲淡等原因，一旦病菌侵入就容易引起疾病，因此，月经期要特别注意卫生，具体的要注意以下几个方面：

1.注意保持月经带清洁。用完后要洗干净并放在太阳下晒干，然后用干净的布包好备用；月经带应该用洁净的卫生纸或卫生棉，千万不可用废布、破布等，以免引起感染发生炎症。如果经济条件允许，最好用一次性消毒卫生巾。

2.保持外阴清洁。每天要用洁净的温水洗外阴，洗的时候要从前向后洗，不要从后向前洗，以免把肛门附近的细菌带到外阴部。月经期间不要洗盆浴或坐浴，可以洗淋浴或擦澡。清洗会阴部的盆、毛巾和洗脚的盆和毛巾要分开，不要和别人共用，当自己或家里人患脚癣时更应做到这一点，否则可能引起霉菌性阴道炎。

3.要注意保暖。月经期间要注意保暖，尤其要保护下身，不要坐在阴凉潮湿的地方，不要淋雨，不要涉水，更不要游泳，少吃生冷食品和饮料。保暖有利于经血通畅。

4.不参加剧烈运动和重体力劳动，避免经血过多或经期延长。一般体育活动和家务劳动等仍应照常进行。

5.注意营养和睡眠。多吃些有营养易消化的食物，多喝开水，保持大小便通畅。少吃辣椒等有强烈刺激性的食物，以防引起子宫充血，经血过多。注意休息和睡眠，不要过度劳累。

6.要心情舒畅。来月经是正常生理现象,不要认为这是“倒霉”的事,心情要开朗,情绪要稳定,如果精神紧张和情绪波动会影响经期和经量。

三、男性外生殖器卫生

外生殖器卫生是男青少年的“盲区”,学校、家庭、社会教育中很少传授这方面的知识,致使很多人并不知道为什么男性的外生殖器也需要清洗,我们从以下三个方面分析一下需要清洗的理由:

1.男性外生殖器是阴茎和阴囊。阴茎分阴茎头(也叫龟头)和阴茎体两部分,阴茎头和阴茎体交界处称冠状沟,冠状沟处有上翻的包皮(如果到了青春发育阶段,包皮仍然把阴茎头全部包住,根本无法向上翻,便称为“包茎”,如果能够向上翻起,而不能使阴茎头常露出的,叫“包皮过长”)。脱落的上皮细胞、包皮内腺体分泌物、尘埃和尿液蒸发后的残余物可积聚在包皮里形成包皮垢,包皮垢对阴茎头有刺激性,容易发生炎症。有包皮过长或包茎的人,由于包皮紧紧包住阴茎头,产生的包皮垢更多,危害性更大。据最近某地区 9 所大、中、小学 5172 名 7 岁到 22 岁的男生外生殖器专科检查结果发现,男性青少年的包茎患病率为 10.09%;包皮过长患病率为 67.7%。其中包茎患者都有龟头炎症,包皮过长者中有 87.45% 有龟头炎症,很多患者包皮内成了藏污纳垢的场所,有些则因长期炎症造成粘连。有研究查明,包皮垢有致癌作用,可引发阴茎癌,同时,不洁的外生殖器婚后可诱发配偶的生殖器疾病的发生。

2.阴囊是保护睾丸的重要组织,它的皮肤表面有丰富的汗腺,经常分泌汗液,如果长期不清洗,在汗液的刺激和皮肤表面细菌的作用下，会使阴囊感染发炎。长期汗液刺激也是形成阴囊湿疹的重要原因。

3.肛门每天排出粪便，总有少量粪便残留在肛门口，粪便内的细菌很多，温暖、湿润的会阴部就成了细菌良好的繁殖场所。

由于以上原因，所以男青少年也要经常清洗会阴部。每周至少用温水清洗一、两次。清洗时应注意先洗前部的阴茎、阴囊，尤其注意清除包皮内的污物，然后再洗后部的肛门，使这些部位保持清洁卫生。

有包皮过长和包茎的青少年应请医生检查一下，看是否需要进行手术(手术比较简单，没什么痛苦)。

四、遗精

男性熟睡时从尿道排出乳白色粘性液体叫遗精，是一种生理现象。青春期开始后，男性的睾丸不断产生精子，附睾、精囊、前列腺等不断分泌各种分泌液，精子和分泌液共同组成精液，精液的成分中水分占 90% 以上，其余为蛋白类物质。精液逐渐积累增多而排出体外，“精满而自溢”是遗精的生理基础。

青春期后每一个男子都能发生遗精，然而有些人对遗精有紧张恐惧心理，有些人听信了“一滴精一滴血”的说法，把精液看得特别宝贵，认为遗精会损伤“元气”，影响健康，这是缺乏科学根据的。人们每次排精只不过 3～5 毫升，丢失这一点点水分和蛋白类物质又怎么能影响健康呢？

遗精的间隙时间，每人长短不一。多数是每月一两次或两三次，也有短至三、五天一次的，都属正常范围。如果出现频繁(隔 1～2 天或一夜发生几次)遗精时要分析一下原因，一般与学习生活过度紧张、手淫和容易对与性有关的语言、文字和声像等刺激的敏感有关。

防止频繁遗精的主要措施是合理安排学习生活，劳逸适度，临睡前不要大量喝水，不要过度兴奋，也不要看有言情刺激的小说。可作些轻松的体操和散步，争取很快入睡。内裤要宽松些，床铺不要过暖过软，被子不要盖得太厚。睡觉姿势最好是侧卧，因为仰卧睡觉容易刺激外生殖器。日常要加强锻炼，增强体质。必要时也可请医生检查诊治。

五、手淫

手淫是指用手玩弄生殖器，以达到自我发泄性欲获得一种性满足的动作。男女青少年都可以发生，据调查约70%以上的男青年，40%以上的女青年都有过这种行为，可见手淫在未婚青少年中是相当普遍的。

怎样正确认识手淫问题呢？

医学研究表明，一般手淫对人体健康并没有什么危害，人体不会由于丢失少量的精液而致虚弱，也不会由于手淫而得病，更不会影响结婚后的性功能。应该认识到，手淫是青少年在青春发育后的一种正常的性冲动的表现，未婚青少年发生手淫，无论从性生理、性心理发育的角度来说都是可以理解的。有些青少年在手淫后产生羞愧、追悔心理，甚至产生恐惧感、犯罪感，形成沉重的精神负担，极少数青少年精神萎靡，意志消沉，甚至丧失生活的信心，这是完全没有必要的，一定要减轻和消除这种心理压力。

长期过度的手淫，对身体健康不利。由于手淫时，全身尤其是中枢神经处于高度兴奋状态，对体力有一定消耗，会感到全身松软疲乏，男青年有过度手淫习惯可引起滑精（白天不知不觉中精液泄漏出来)、阳痿等,女青年有过度手淫习惯可引起腹部充血,发生痛经甚至月经不调。此外,长期的精神心理负担也会影响健康。

青少年正处于长身体、长知识的时期,手淫虽不是什么恶劣行为,但毕竟会分散自己的精力。因此,有手淫习惯的青少年应该振作精神鼓起勇气,尽量避免手淫。做到这一点的关键是要有坚强的毅力,用意志和毅力约束自己的行为。同时要充实个人的精神生活,多参加课余文体活动;避免阅读黄色书刊和影视录像等;注意睡眠卫生;保持外阴清洁。男青年包皮过长时,应到医院去做切除手术,避免刺激外生殖器。总之,只要下定决心,切实注意以上事项,手淫的习惯是一定能够纠正的。

最后,以我国著名医学家吴阶平在谈到青少年对待手淫习惯应持的基本态度时所讲的一段话作为小结。他说:“不以好奇去开始,不以发生而烦恼,已成习惯要有克服的决心,克服以后不要再担心,这样便不会有任何不良后果。”

六、神经衰弱

神经衰弱是神经官能症的一种,也是青少年中常见的卫生问题,据 1985 年对全国 12 万余名 20 ~ 23 岁大学生的调查结果,总检出率为 20.23%,而且往往是年级越高,检出的人数越多。

神经衰弱的表现多种多样,最主要的有以下几个方面:①易兴奋:学习、交谈、文娱活动都引起精神兴奋,注意力不能很好集中,不能很好控制情绪,对周围强光、噪音、拥挤等都比较敏感,常因此而迁怒于别人,但吵完后又感到内疚;②易疲劳:看书时间稍久就感到头痛、头昏和脑子发木,因此,读书抓不住中心意思，记忆力减退，学习效率明显下降。③易头痛：头痛没有固定部位，常感昏昏沉沉，学习时加重，睡后明显减轻。④易失眠：主要是入睡困难，易惊醒，醒后再难入睡。青少年常诉说自己梦多且大多是噩梦，所以睡不好，睡了也不解乏。⑤植物神经性功能紊乱：大多有厌食、便秘、月经不调、遗精等症状，还有心慌、心跳、血压偏高或偏低等表现。当然，不是每一个神经衰弱的人都有以上各种表现，有的可能有一～二项，有的可能有二～三项，各人情况不同。是否真患了神经衰弱需由医生诊断确定。

为什么会发生神经衰弱呢？主要是长期过度的精神紧张。有的青少年在过重的学习负担下，连续加班加点，开夜车，牺牲休息时间，用脑过度而又休息恢复不好，造成过度的学习疲劳。也有的青少年长期担心学业成绩，升学就业等问题而产生沉重的精神负担或思想矛盾，一旦矛盾得不到妥善解决，于是就容易发生神经衰弱。

关于神经衰弱的防治问题，关键是要针对其主要病因——学习疲劳而搞好用脑卫生，切实合理安排生活作息制度。学习时间每日不超过8、9小时；改善学习方法，提高学习效率，避免加班加点、开夜车；保证充足睡眠（每天睡足8小时）；注意每天有一定时间参加课外活动和体育锻炼；一日三餐定时定量，膳食中注意多吃有利于脑的发育、促进脑的代谢的优质蛋白质（如鱼、蛋、豆及豆制品等）和蔬菜水果等。青少年应该努力培养自己的坚强意志，乐观开朗的性格，树立正确的人生观，正确地对待学习、生活中遇到的各种困难和挫折，这可以说是预防神经衰弱的根本性措施。个别患有较严重神经衰弱的青少年要在医生指导下，消除思想顾虑和紧张情绪，必要时可采取变换环境、生活方式,直至采取休学的方法,以便从较严重的精神压力下解脱出来,同时适当的辅以药物治疗。

七、神经性厌食

有的青少年,尤其是女青少年,为了“苗条”的身体,追求所谓的体型美而进行节制饮食。她们不吃鸡、鸭、鱼、肉、蛋、奶,不吃动物性食物,怕吃这些食物引起体重增加,同时,主食也吃得很少。时间长了食欲日渐下降,看见食物就有恶心的感觉,最后发展到拒绝一切饮食,这些就是神经性厌食者的典型表现。

神经性厌食多由于特殊的心理状态而致进食量减少。女青少年比男青少年多见,据统计女性是男性的 10~20 倍,国外报道比较多,国内有人报道估计,青春期女性有 1%~3%患有此症,而且近年来有逐渐增多的趋势。

患此症的青少年由于进食量明显减少,体重不断下降,造成身体衰弱、肌肉萎缩、心率变慢、血压降低,还有的因为营养不良而使皮肤粗糙,毳毛增多,有的引起闭经等。此外,还可以出现一些精神症状和行为失常,如不及时纠正和治疗将导致严重的后果,甚至死亡。

如何诊断神经厌食症呢?一般有以下几项参考指标:①年龄在 25 岁以下的女性;②有学习过度紧张、慢性事件刺激等诱因;③厌食,每天进食量少于 150 克及体重比原来降低 20%以上;④有严重的营养不良表现;⑤没有其他使体重严重减轻的身心疾病。

对患有神经性厌食的青少年,主要是心理治疗,要耐心劝说,精心护理。鼓励病人少吃多餐,吃营养丰富的食物。用行为矫正方法纠正其拒食或少食的行为。为了预防神经性厌食症的发生，日常要对青少年进行健康教育，引导他们建立正确的审美观，追求健康美而不是“形体美”。

第二节 常见病的防治

一、贫血

贫血是一种特殊的营养缺乏病，主要有缺铁性贫血和营养不良性贫血两种。在我国青少年中，因缺铁而引起的贫血占贫血总人数的90%以上。因此，日常讲的主要是指缺铁性贫血。

铁是生成血红蛋白的重要原料，缺铁性贫血是根据血红蛋白测定而确定的。血红蛋白要低到多少就算贫血呢？根据联合国世界卫生组织制订的统一参考标准，14岁以上男少年和成年男子，血红蛋白浓度为130克/升血液，14岁以上女子(非妊娠)为120克/升血液。一般习惯把贫血分为轻、中、重三度，即血红蛋白在90克/升～正常值以下为轻度；60～90克/升为中度，60克/升以下为重度。据调查，我国青少年不论男女，贫血患病率虽高，但绝大部分属轻度贫血。轻度贫血对身体的危害不十分明显，中度以上的贫血影响认知能力，学习效率减低。同时，体力劳动能力不足，身体抵抗力降低，易患某些疾病，如易患呼吸系统的疾病等。

青少年为什么贫血患病率高呢？一方面是因为生理上的原因。青少年生长极其旺盛，身体各种组织、器官迅速生长、发育和成熟，活动量也猛增，所以对铁的需求量很大；另一方面是因为膳食方面的原因，膳食摄入不足而缺铁。

纠正缺铁性贫血，首先查找有无引起失血的原因(如寄生虫病，女性月经不调等)，去除原因才能达到根治的目的。其次，必须尽快增加铁的摄入量。短期内可以口服铁剂药物，但最重要的还是要合理营养，增加膳食内铁的吸收率。

从膳食中尽量多地吸收铁，也即日常膳食如何选择食物以及注意吃的方式，是预防缺铁性贫血的中心环节，这里提出以下几点：

1.家中炒菜做饭时尽量用铁锅。

2.各种食物所含铁的形式不同，吸收率也不同，应尽量选用富含铁且容易吸收的食物(详见第三章有关内容)。

3.维生素C是促进铁吸收的好“帮手”，茶叶、豆腐对铁的吸收有限制作用。提倡饭前喝一杯桔子水，或者吃一个生西红柿，饭后则不要马上喝茶或咖啡等，可增加铁的吸收机会。

4.尽快改正偏食、挑食的不良饮食习惯。

值得注意的是，纠正贫血要持之以恒，切忌操之过急；尤其食用强化铁食品不宜过量，否则短时间内铁的摄入量过大，反会造成铁中毒，不利于身体健康。

二、龋齿

龋齿是青少年最常见的疾病之一，也是世界范围内的疾病。联合国世界卫生组织认定龋齿是对人类健康危害最大的常见疾病之一，我国政府规定，龋齿、近视、沙眼、贫血、蛔虫、营养不良等六种疾病是2000年需要重点防治的学校常见病。

青少年得了龋齿，会因为牙疼而影响食欲，干扰咀嚼、消化和吸收功能，使身体得不到必需的各种营养。龋病继续向深部发展，会进一步导致牙髓炎、根周脓肿等疾病，影响健康。龋齿对身体健康的影响决不限于口腔部分，它是一个病灶，当全身抵抗力低下时，细菌和细菌毒素会通过血液向全身扩散。

因此,龋病可以说是风湿性关节炎、心脏病、肾炎等疾病的主要祸根之一。

龋齿是怎样产生的? 它的病因十分复杂,归结起来是三类因素,即微生物(细菌和菌斑)—食物—宿主与牙齿三类因素的综合作用,而且,这三类因素缺一不可,故医生们称之为"龋齿致病的三联因素"。

细菌和菌斑。细菌的存在是龋齿发生的根源。口腔中的细菌很多,其中变形链球菌和乳酸杆菌等是导致龋齿发生的主要细菌。牙菌斑(由粘附在牙面上的细菌和糖类食物残屑形成的)是这些细菌生存和致病的环境,细菌和菌斑相辅相成,共同在致龋中发生作用。

食物因素。致龋食物最主要的是糖类和粘点心,是产生龋齿的物质基础。糖会加速口腔里各种致龋细菌繁殖,并在它们的作用下分解成酸;粘点心(如糕点、饼干、糖果等)特别容易滞留在牙齿的沟窝里,又容易发酵,是致龋的重要因素。

宿主与牙齿因素。这里说的宿主就是青少年自身,机体全身的和牙体的抗龋能力。正在旺盛生长发育(包括恒牙发育)阶段的青少年,如果患了传染病、结核或消化吸收障碍,就可使蛋白质、维生素、钙、磷等缺乏,牙齿钙化不良、表面缺损等,有这些缺陷的牙齿,患龋的可能性就比较大。氟、硼、锶、铁等微量元素缺乏,牙齿抗龋能力降低,其中尤以氟的作用最为明显。此外,青少年从小缺钙时,牙齿排列往往不齐,食物容易滞留嵌塞,菌斑不易清除,也为龋病提供可乘之机。

预防龋齿主要是针对上述致龋的三类因素,采取综合措施,如加强体育锻炼,增强体质,积极防治各种疾病,合理营养,保证钙、磷、维生素、蛋白质的摄入,增强机体和牙齿的抗龋能力。特别值得提出的是认真刷牙，它是保护牙齿，维持口腔卫生的最积极的手段，也是行之有效地防龋措施。为此，提出几点刷牙的卫生要求：①选择合乎要求的保健牙刷。这种

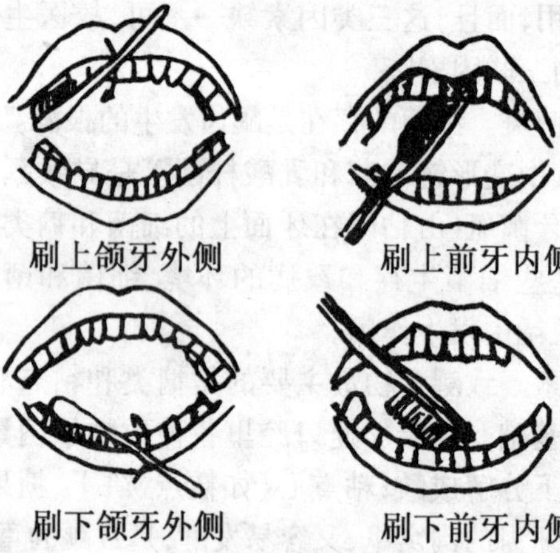

图 2-1 正确的刷牙方法

牙刷的特点是刷头短而窄，刷柄直而扁，刷毛细而有弹性，10岁以上的青少年可使用成人型保健牙刷。②刷牙方法要正确。要用竖刷法，即刷上牙内外面时从上往下刷，刷下牙内外面时从下往上刷。咬合面可以前后拉动着刷，各牙面和缝隙均应刷到，每次刷牙时间不少于3分钟。③要坚持早晚刷牙，而且晚刷牙比早刷牙更为重要，每次进食后要漱口。④及时注意更新牙刷，最好1~2月即换一次，保持牙刷干燥。牙膏可选用防龋牙膏，内含有微量的氟化钠。

此外，青少年应注意每年进行定期的口腔检查，做到早发

现，早治疗。

三、近视

近视是青少年最常见的疾病（也可以说是一种身体缺陷）之一，我国城乡中学生近视眼患病率高达50%以上。近视对于青少年来说，不仅注意力的深度和广度受到影响，更重要的是许多青少年因为近视而失去了投身航天潜海、精密仪器制造等很多领域以报效祖国的机会。每年在高考时受到报考志愿限制的，有60%～70%是因为近视而引起的。这种现象与国家对人才的殷切需要是背道而驰的。

近视是视力不良的一种，但它不等于是视力不良，使用对数表来检查视力时，如果裸眼（即不带眼镜）的视力低于5.0，即为视力不良，而引起视力不良的原因很多，有近视、远视、散光和各种眼病等。不过，对青少年来说，80%～90%以上的视力不良属近视。要确定是不是近视并不难，不妨试戴一下度数低的近视眼镜，带上后视力有所改进，那就可能是近视。更简单的办法是，手拿一张报纸、拿远了看不清上面的字，拿近就看清了，这也是近视的表现。不过，要真正确定自己是不是近视，近视程度有多严重，应该配戴什么眼镜或用什么方法治疗时，还应该到医院眼科，通过散瞳验光等方法才能最后确定。

有关近视眼发生的原因，概括起来主要有两种，一种是先天及遗传因素，一种是后天环境因素。从防治青少年近视来说，我们更应重视环境因素在近视发生方面的作用。如视近工作强度和时间，视近工作姿势，视近工作环境等。大量调查资料表明，在学生人群中，视近工作时间越长，强度越大，近视率就越高。近视率随年级的增高而增高；有躺着看书习惯的人比无躺着看书习惯的人近视率高;教室的采光照明条件对近视的发生也有一定的影响。

保护学生视力,降低近视率,最重要的是以预防为主,做到:①合理安排生活制度,大力开展体育运动。切实减轻学生学习负担,保证有足够的休息、睡眠和课外活动时间,使眼睛充分得到休息。体育运动能增强体质,对保护视力,预防近视也有积极意义。②注意阅读、书写卫生。眼书距离不能过近,最好保持在30~35厘米之间;不躺在床上看书;不在走路、乘车时看书;不在太弱或太强的光线下读书写字。③注意看电视时的用眼卫生。看电视半到1小时以后应至少休息片刻;不要躺着看电视;眼与电视屏面的距离最好的2.5~3米,屏面的高度要比眼睛略低一些,画面要有良好的对比度,亮度要适中,室内应保持一定的照度。④改善学习环境。学校在每学期开学时要检查教室的采光、照明情况。教室墙壁要定期粉刷,黑板要定期刷黑,并使其平整无反光。⑤做好眼保健操,中学生也应该做,并且要做到准确、持之以恒。⑥定期检查视力。⑦对有近视的学生需经眼科医生验光后配戴适当的眼镜,注意戴眼镜是为了学习方便并非保护视力,所以,在配戴眼镜后同样需要注意用眼卫生。配戴隐形眼镜者要特别注意卫生要求,儿童少年不适合配戴隐形眼镜。

四、病毒性肝炎

病毒性肝炎分甲、乙、丙、丁、戊等多种类型,分别由相应的肝炎病毒引起。它们的共同特征是引起肝脏的炎症,肝功能受损害,同时伴有食欲减退、恶心、腹胀等消化道的症状,病程一般都比较长。乙型、丙型肝炎还可以迁延发展成慢性肝炎和肝硬变,与肝癌发生也有一定关系。各型肝炎在人群中的感染率都很高,迄今为止人类又缺乏控制这些病毒的特效药物,所以病毒性肝炎正给全人类的生命和健康造成严重威胁。我国是肝炎的高发国家,肝炎给我国人民的健康、国民经济与劳动力造成的损失是十分重大的。

青少年生活的集体环境——学校是病毒性肝炎特别容易流行的场所。事实上在我国青少年人群中,自70年代后期以来,各类肝炎的发病率都有明显上升的趋势,还有少部分青少年是乙型、丙型、丁型(主要是乙型)肝炎的"病毒携带者",他们自身没有肝炎的症状表现,但他们血液中带有的病毒能传染给其他人。

病毒性肝炎是危害严重的传染病,但是也不必"谈虎色变",目前,我们已经有了预防的方法。下面分别介绍各型肝炎的传播途径及预防措施:

1.甲、戊型肝炎的预防。

甲、戊型肝炎的传播途径比较单一,即所谓的"粪——口传播方式",食入被肝炎者粪便污染的食物或水而传播。甲、戊型肝炎发病有季节性、爆发性,其中甲肝秋冬季易流行,戊肝则常在洪水、雨季后流行;青少年患病多,预后一般较好,很少转为慢性,但因往往患病者人数众多,有的病情重,病情进展快,对青少年健康和学习的影响也不能低估。

预防甲、戊型肝炎的原则相同,从个人角度讲,最主要的是要:(1)讲究个人卫生,切实做到饭前便后洗手,食具漱洗用具要自备自用。(2)讲究饮食卫生、集体用餐一定要采用分餐制。(3)班级、宿舍中有同学被传染肝炎后应立即通过校医向当地防疫站报告疫情,特别要注意报告发病时间,对病人实行隔离治疗,对病人用具进行消毒。(4)和甲、戊型肝炎患者的密切接触者，或者已经感染肝炎（在2周之内）者可注射人体免疫球蛋白，既可防止发病，又可减轻症状。但目前还不能预防戊型肝炎。(5)注射甲型肝炎减毒活疫苗，可作为人群大规模预防。

2.乙、丙、丁型肝炎预防。

乙、丙、丁型肝炎较甲、戊型肝炎对健康的威胁更大。因为这几型肝炎重型肝炎很常见；其中相当多的患者可转为慢性，甚至继发脂肪肝、肝硬变、肝癌等不良后果；它们的传播途径较多，不仅可通过输血、输液感染，还可通过各种生活用品，如理发工具、刮脸刀、抽水马桶等感染，近年来，还有因耳朵穿孔（戴耳环用）、蚊虫叮咬而感染乙型肝炎的报道；除病人之外，"病毒携带者"可以在不知不觉中，让健康人感染。

乙、丙、丁型肝炎的预防措施主要是：(1)注射乙型肝炎疫苗（其他二型尚无疫苗），目前，有的地区已普遍在青少年中实行。(2)注射器应"一人一针一管"，对各类容易损伤皮肤、粘膜的医疗器械（如口腔医疗器械）要严格消毒。(3)食具、牙刷、刮脸刀等要自管自用。(4)理发工具必须随时消毒。在有文身习惯的地区，青少年要带头不这样做；女同学不要在街头扎耳朵眼。(5)经常打扫环境卫生，消灭蚊蝇孳生地。

为了提高我国人民的健康素质，争取早日摘掉"肝炎大国"的帽子，青少年不仅要有保护自己免受肝炎感染的义务，同时还有向周围人宣传教育的责任，如果在亲友中有准备结婚、生育的乙肝患者，我们应该劝阻他（她）们先把乙肝症状控制好（乙肝表面抗原转为阴性），以保护更多人的健康。

五、肺结核病

肺结核病是结核杆菌在肺内引起的慢性传染病。全身器官都有可能受结核杆菌侵袭,但以肺结核病最为多见。

肺结核病,在解放前被称为“肺痨病”,因为得了这种病死亡率极高,所以谈起它无不令人恐惧。最近几十年来,由于各种特效药物的大量使用,尤其是因为结核病在人群中的传播得到有效控制,它对人们健康和生命的威胁已大大减轻。然而,在青少年时期,由于生长非常旺盛,消耗代谢量很大,加之受内分泌影响,身体各器官的发育处于相对的不平衡状态,当营养不良,疲劳过度,身体抵抗力下降时,就容易得肺结核,发病率仍然较高,在我国城乡地区约为5~20人/万人。

肺结核是一种全身性的消耗性的疾病,一旦发病,体质明显下降,而且会有午后或傍晚发低烧、盗汗(睡眠中出汗);持续较长时间的轻度咳嗽;发音嘶哑,痰中带血;精神萎靡、容易疲倦、食欲差、听课精神不集中等症状表现。女青少年还可出现闭经,经期明显后延等现象。

肺结核是怎样传播的?预防方法的重点是什么?肺结核的主要传染源是那些患急性肺结核、或慢性肺结核未经彻底治愈的病人,他们可以是与青少年密切接触的老师、家长、朋友、炊事人员等。病人的痰里有大量细菌,传染性很强,他们的在咳嗽、吐痰、打喷嚏或说话时,嘴里出来的飞沫污染周围的空气和尘埃等,向别人传播。如果使用被结核杆菌污染的食具、水杯、和病人一起夹菜吃饭,都会被传染。牛奶消毒不彻底时,里面有一种名叫牛型结核杆菌的细菌也会传播肺结核。根据以上传播途径预,防肺结核的关键是提高青少年的自我保健意识,日常生活中建立各种良好卫生习惯,例如不随地吐痰,扫地前先洒水以防尘土飞扬,牛奶要煮沸消毒后再喝,集体用膳实行分餐制等。患有肺结核的青少年一定要休息，隔离治疗，以切断传播扩散的途径，防止传染他人。为了早期发现可疑症状，青少年应每年X线胸透检查一次，发现可疑症状者应进一步检查确诊，这对于儿童时期曾患肺结核病的青少年尤为重要。15岁以下的少年如果结核菌素试验阴性，要抓紧时间接种卡介苗，以加强机体人工免疫力。此外，平时注意身体的全面锻炼，增强体质，保证蛋白质、钙、磷、维生素D等营养摄入，对加强抗结核能力有很大帮助。

第三节 成年期疾病的早期预防

成年期疾病，一般是指一些慢性非传染性疾病。如高血压、冠心病、中风、肿瘤、糖尿病等。现在每天我国有1.3万人死于这些疾病，全国死于这一疾病的人数目前已占到总死亡人数的70%。

慢性非传染性疾病的发生和发展，与人们的生活方式和行为习惯密切相关。尽管青少年患这些疾病的为数不多，但是与这些疾病发生发展密切相关的不良生活方式和行为习惯，如吸烟、酗酒、不合理饮食、缺乏锻炼等却普遍存在。因此，慢性非传染性疾病防治必须以健康教育为策略，重视从小预防，以较小的卫生资源投入获取较高的健康效益。

一、高血压病

高血压病是一种成年期常见疾病，发病人数约为成年人总数的1/5～1/10，城市多于农村。得了高血压病，会有经常出现头痛、眩晕、失眠、记忆力衰退和注意力不集中等症状；同时，更重要的，它是引起冠心病、脑溢血、脑血栓和高血压心脏病的“罪魁祸首”。因此，高血压病在许多国家里都是成年人第一、二位的死亡原因，联合国世界卫生组织规定高血压、冠心病、肿瘤是全世界范围内重点预防的三大常见病。

高血压病发病的高峰年龄是在40~50岁，这一年龄阶段的发病率是10~20岁青春发育期的6~7倍。既然如此，为什么预防高血压要从青少年时期就早早开始呢？其原因是多方面的。首先，有一类叫“原发性高血压”者，它起病很慢，不少病人在16~19岁时已开始有全身小动脉痉挛的表现，如果不早开始预防，此病理变化就会逐步发展。其次，原发性高血压患者有很大一部分有家属遗传倾向，换句话说，如果那些自身的一级亲属（如爸爸、妈妈、爷爷、奶奶、外公、外婆）里有高血压病的青少年，从一开始就注意预防的话，其中很大一部分长大了就可能不会再蹈父辈覆辙，不患原发性高血压了。另外，从原发性高血压的直接发病诱因来看，与饮食食盐量太多、体重过重和精神长期紧张有关，也即与一个人的生活习惯和饮食方式有关，有的与个性心理特征有关。而这些习惯和方式大都是青少年时期形成的。因此，自幼培养良好的行为习惯是一种最积极的预防，也是在当今世界范围内预防心脑血管病、糖尿病等的重要策略和基本思想。

成年期高血压病的早期预防要采取综合措施，着重于对青少年进行健康教育，使他们养成良好的行为生活习惯，消除或减低与高血压病密切相关的危险因素，具体的内容如下：

1.定期监测血压。对所有10~20岁阶段的青少年，进行每年一次的血压测量（有的每3、6月就应测量），以及早发现有血压明显升高的青少年（应该经过不同日的另外一次测量证实后方能确定为高血压病），并查找原因，及时采取相应措施。

2.注意膳食营养。饮食营养对高血压的发生和发展有重要影响,必须加以重视。要限制食盐量,每天不超过5g,因为盐里的钠元素具有升压作用,在降低钠的同时,多吃些含钾丰富的蔬菜水果,有良好降压作用。膳食要注意热量,尤其是肥胖和超重的青少年,要限制动物脂肪和胆固醇的摄入,使体重维持在理想水平,减轻肥胖对心脏的负担。多吃鱼类、豆类蛋白质、炒菜应以植物油为好。

3.加强有利于心脏健康的有氧锻炼活动。如游泳、球类、体操、慢跑等。适宜的体育锻炼具有降压作用,这是早期预防高血压病的综合措施中重要的一个环节。

4.避免过强的紧张刺激。在日常生活中,青少年需要应付考试、升学、就业以及生活环境中的各种重大变故等等,这些紧张刺激是产生原发性高血压的重要原因之一。但是,生活中遇到紧张刺激是难以避免的,青少年应该振奋精神,培养自己良好的情绪,锻炼自己的应激能力,使思想放松,同时,合理安排生活制度,劳逸结合,以消除各种外来刺激造成的过度疲劳和身心紧张状态。

二、冠心病

冠心病和高血压犹如一对“难兄难弟”,都是造成成年人、老年人死亡的第一、二位原因。

冠心病是由动脉粥样硬化引起的。动脉粥样硬化是由于人体血液中脂质成分(尤其是胆固醇)入侵动脉血管壁内膜,形成脂肪沉积于动脉壁上,在肉眼上可以看到米粥一样的斑块而得名。动脉粥样硬化在心脏的冠状动脉处最为常见,后果也最严重,这种由粥样硬变所引起的心脏病变就被称为冠心病。冠心病患者由于营养心脏最重要的动脉——冠状动脉被粥样硬化所阻塞，造成血流受阻，供血不足，当这种心脏缺血状态越来越严重时，常是先发生心绞痛，后出现心肌梗塞，甚至导致死亡，仅美国一个国家每年死于冠心病的人数就占总死亡人数的40%以上。

既然冠心病是由动脉粥样硬化所引起，所以预防冠心病关键在于预防动脉粥样硬化。冠心病虽然主要发生在40岁以上的成年人，然而，现代医学证明，有相当多数的动脉粥样硬化过程却起始于青少年。本世纪60年代初，美国医学专家对一批越战中的阵亡士兵进行了尸体解剖，他们发现在这批平均年龄22岁的青年中，有77%的人冠状动脉已能用肉眼就可看到粥样硬变，此外，还有人发现，在有家属遗传因素的青少年中，无论男女，动脉粥样硬化的出现可能比其他人更早，一般15岁左右即可能出现冠状动脉脂肪纹；这种病变经过20余年的缓慢进展，在40岁左右就可发生心肌梗塞等严重冠心病征象。

以上事实不得不使医生们终于明白，为什么医生一再告诫人们40岁以后要注意预防冠心病，但冠心病的发生率和死亡率却有增无减，甚至有发病年龄提前的趋势？其原因正是预防战略上的一个错误，即：40岁开始防治冠心病已为时过晚，要使冠心病预防工作取得实效，必须从青少年时期就开始预防。此外，诱发动脉粥样硬化的许多因素，如高脂血症、高胆固醇血症、高血压、肥胖、糖尿病、活动过少、吸烟等，均直接与人的膳食营养、生活方式和行为习惯有关，或本身就是不良行为（如抽烟）。青少年可塑性强，是培养和形成良好行为习惯的最好时机，只要青少年树立健康的意识和信念，他们是能自觉行动起来，摒弃不良行为习惯，建立有利于健康的行为生活方式的，这是另一个预防冠心病要从青少年时期抓起的理由。

预防冠心病要注意以下几个方面：

1.积极防治高血压。有高血压病的人几乎迟早会出现动脉粥样硬化；高血压病人冠心病的发生率要比正常血压者高3~4倍。

2.合理膳食。目前认为除高血压外，血清胆固醇水平高也是冠心病的原因之一。饱和脂肪酸可以使血清胆固醇水平升高，因此要少吃含饱和脂肪酸高的食物，如动物脂肪。而膳食中的多不饱和脂肪酸可使血清胆固醇下降，尤其是黄豆、豆油含多不饱和脂肪酸，故提倡多食用豆类及豆制品。另外，增加膳食纤维的摄入，可促进胆固醇排泄，富含纤维的食物有粗粮、蔬菜和水果。

3.预防吸烟和戒烟。香烟中有几十种有害物质，吸烟不仅能引起各种呼吸系统慢性疾病，使肺癌发生的可能性增大，同时它又是动脉粥样硬化形成和冠心病发病的重要原因之一。吸烟能直接引起冠状动脉痉挛，诱发心绞痛发生，甚至容易引起大面积心肌梗塞，严重威胁着生命。吸烟的冠心病人死亡率是不吸烟的冠心病人死亡率的1~3倍。

4.预防肥胖，节制饮食，做到低热量、低脂肪，积极参加体育锻炼，控制体重，降低冠心病的危险因素。

三、糖尿病

糖尿病是人类最常见的慢性病之一。全世界约有5000万糖尿病患者，我国则大约有1000万，且发病率有逐年上升趋势。据联合国世界卫生组织估计，如果人类不改变现存的不健康生活方式和不良饮食结构，以及抓紧对糖尿病的防治工作,到2000年,全世界的糖尿病人数,至少还要比现在增加1倍。

糖尿病的发病原因目前还不十分清楚,它属于内分泌——代谢性疾病,有遗传倾向。病人因为血液中的参与糖代谢的胰岛素缺乏,而引起一系列的血糖升高症状,这种内分泌紊乱的结果,使蛋白、脂肪、糖代谢发生障碍,并能造成许多重要内脏的合并症。例如糖尿病人比没有糖尿病的人更容易并发高血压病、冠心病和脑血管意外;得病20年以上的70%病人有白内障等,甚至失明。还有很多糖尿病人病情本身不严重,但由于全身抵抗力的下降,容易继发肺结核,皮肤化脓性感染等,严重影响健康。

如何知道是否得了糖尿病呢?糖尿病的典型症状是多吃、多喝、多尿和消瘦,简称"三多一少",这都是由于胰岛素分泌不足,糖代谢发生障碍所造成的。不过,并不是所有患糖尿病的人都出现"三多一少"的典型症状,有2/3的人症状不明显,往往是在体验时或作小便化验时才被发现。糖尿病人几乎毫无例外的都有尿糖出现(正常人没有),通常到医院测试尿糖和血糖即可得到确诊。

糖尿病人的发病高峰年龄是40~60岁,但它在青少年时期就可以发生。当然,对绝大多数青少年来说是早期预防问题,而预防的核心是防止肥胖的发生。青少年肥胖一般多为单纯性肥胖,发生单纯性肥胖的原因除遗传因素外,一是进食过多,特别是油煎、油炸食物和糖类食物(包括主食)。一旦摄取的热量超过需要量,多余的热能就会转化为脂肪在体内储藏而发生肥胖。二是运动不足,消耗降低,不能阻止体脂的过多生成;肥胖的人往往又不喜欢运动,两者互为因果。因此,预防糖尿病的中心环节是：养成良好的饮食习惯，饥饱适当，适当减少热量和脂肪，增加膳食中的粗纤维成分，注意蛋白质的供应，保持适宜体重；加强体育锻炼，防止肥胖发生。

第四节 性传播疾病

性传播疾病是以性接触为主要传播方式的一组传染性疾病，人们习惯称"性病"，它的发生和发展受社会因素的影响很大。1964年我国已向全世界宣布基本消灭性病，然而随着性病在世界范围内的加速蔓延，中国自80年代以来，性病又死灰复燃。目前，全国30个省份共报告性传播疾病300余万例，而且患病人数每年均成倍增长，全部患者中75%是16～30岁的青少年和青壮年，这不能不引起我们的高度重视。性传播疾病有20余种，现简单介绍最常见的淋病、梅毒及被喻为"20世纪瘟疫"的艾滋病。

一、淋病

淋病通常指由淋病双球菌引起的泌尿生殖系统化脓性感染。淋病的发病率非常高，80年代性病死灰复燃以来，其中淋病占75%以上。淋病主要通过性交传染，但是也可以通过被病人污染的衣裤、被褥、寝具、毛巾、浴盆、马桶圈以及手等间接传染。近年来，有人买国外进来的旧衣裤穿，有可能因此而传染上淋病，应该十分警惕。

淋病可发生在任何年龄，但主要发生在性活跃的青中年，男性比女性多见。得了淋病后，男性患者会出现尿频、尿急、尿痛、尿道口红肿、溢浓，还可并发其他生殖器炎症。女性得了淋病会发生阴道炎症、流脓，以及会发生宫颈、输卵管等炎症。淋病可使男女不育。此外,患淋病的母亲所生育的婴儿可使婴儿发生淋菌性眼结膜炎,导致婴儿失明。有医生对盲校学生调查分析,发现近 1/4 的盲童失明的原因是他们有一个患淋病的母亲。

二、梅毒

梅毒是一种主要通过性交传播的古老的性病,在世界各国广为流行,至今已有 500 年历史。1493 年,发现北美洲的哥伦布的海员们将梅毒从西印度群岛的海地岛,带到了西班牙,然后再由西班牙传播到欧洲及亚洲,16 世纪传入我国。解放前我国传播很广,尤其在某些少数民族地区,发病率高达 20%~50%。解放后,政府采取有效措施才得以基本消灭。

梅毒的病原体是一种叫梅毒螺旋体的微生物,梅毒螺旋体在体内大量繁殖,于是出现各种症状,最后侵犯各种组织器官。梅毒的病程很长,有早期和晚期之分。早期症状主要是体表的皮肤和粘膜,3 年后进入晚期,此期的时间特别长,可以是几年、十几年乃至几十年直至终生,此期心血管、中枢神经、皮肤和骨骼等均逐渐遭破坏,即使通过抗梅治疗也难以恢复。有梅毒的母亲还可以通过胎盘传染给胎儿,使孩子患先天性梅毒,影响下一代的健康。

如何控制和消灭包括淋病、梅毒在内的性传播疾病呢?由于性病是典型的一种社会性疾病,社会因素在控制和消灭性病方面具有决定性的作用。因此,应该加强全民法制教育,坚决打击性犯罪活动,对卖淫嫖娼以及其他破坏婚姻的不法分子应给予惩罚和教育;加强宣传教育,普及性病防治知识,做到家喻户晓,交待政策,使患者敢于求医而不被非法行医者所蒙骗;严格检疫制度,防止性病传入。

作为社会主义事业接班人的青少年,应该培养社会主义、共产主义的人生观,坚决摒弃西方所谓“性自由”、“性解放”的腐朽观念,遵循性的道德,要在我们这一代铲除性病传播的土壤,为我们国家民族的振兴和崛起创造一个安定的社会环境。

三、艾滋病

艾滋病的医学名称叫“获得性免疫缺陷综合症”,英文缩写 AIDS,是由“人类免疫缺陷病毒”(简称 HIV)感染所造成的传染病。直接侵犯人体的免疫系统,干扰破坏具有抗感染能力的免疫细胞,使人体抵抗疾病的能力下降。

自从 1981 年发现第一例艾滋病以来,艾滋病以异常迅猛的速度蔓延开来。据资料报道:2000 年底全球艾滋病感染者估计数量 3610 万人;新的感染者 530 万人;因艾滋病而死亡的累计人数 2180 万。全世界每天有 1.5 万个人感染艾滋病,其中 95%在发展中国家。

我国 1985 年发现首例艾滋病,截至 2000 年 12 月 31 日,全国 31 个省、自治区、直辖市(不包括台湾和香港、澳门特别行政区)共报告 HIV 感染者 22517 例。艾滋病的流行已经对人类健康、经济和社会发展带来严重损失和巨大影响。并且其流行已进入快速增长期,专家估计,已有感染者 60 万,并在不知不觉地传播。艾滋病是一个社会问题,不论贫富、不论地位高低,社会中的每个成员都有可能成为艾滋病流行的直接或间接受害者。

艾滋病的传播途径:由于 HIV 主要存在于人的血液、精液、阴道分泌物和乳汁中,所以任何这些体液进入其他人身体里的行为都有可能导致 HIV 的感染。在正常情况下,皮肤和粘膜是一种天然屏障,但是这个屏障有时会破损,它包括切伤、擦伤、疮、溃疡。日常生活的经验告诉我们，破损的皮肤和粘膜很容易发生感染。

艾滋病毒主要通过下面三种途径从一个人传播到另一个人：

(1)性交传播。存在于精液、阴道分泌物、月经血中的HIV可通过生殖器粘膜而进入另一个人的体内。

(2)血液传播。

主要通过如下途径：

静脉注射毒品的人共用被艾滋病毒感染的针具。

输入含有HIV的血液制品或器官移植。

注射器和针头消毒不彻底或不消毒。

其他可刺破皮肤的医疗器械消毒不彻底：如口腔科器械、妇产科器械、外科手术器械、针灸针等。

其他可能引起血液传播的途径，如：理发、美容、文身、扎耳、修脚等用的刀具不消毒：与其他人共用刮脸刀、电动剃须刀、牙刷；体育运动外伤和打架斗殴引起的流血；救护伤员时，救护者破损的皮肤接触伤员的血液。

(3)母婴传播。受感染的母亲可以在孕期、分娩期、分娩后或哺乳期传给胎儿或新生儿。

从艾滋病病毒进入人体起，需要一定的时间繁殖，从开始阶段，感染者的免疫功能还没有受到严重破坏，因而没有表现出明显的症状，从外表看上去和常人一样生活和工作着，但是在他们的体液中已含有大量的艾滋病病毒，有很强的感染性。当感染者的免疫功能被破坏到一定程度后，身体抵不住艾滋病病毒的进攻，其他病菌就会乘虚而入，使人产生多种疾病，其症状是复杂多样的。常见症状有：长期低热，短期内体重减轻1/10以上、消瘦、乏力、冒汗、慢性腹泻、慢性咳嗽、全身淋巴结肿大、头晕、头痛、智力减退、反应迟钝等。最后病人往往会死于由严重腹泻、肺炎、肿瘤等造成的身体衰竭。从感染上HIV到发展成艾滋病病人,这一段时间称为潜伏期。潜伏期可以短至约6个月至1年,通常为5~7年,最长可达10年以上。

艾滋病是一种十分严重的传染病,迄今为止,尚没有研究出可以预防的疫苗,也没有药物能彻底治愈艾滋病病人。但有药物能治愈与艾滋病有关的感染,这些药物不能治愈艾滋病,只能够减缓病情和推迟死亡。艾滋病虽是不治之症,但却是可以预防的。因为它有明确的、与人们行为密切相关的传播途径。另外,了解日常生活中不会感染艾滋病的活动与了解艾滋病的传播途径是一样重要的,可以减少对艾滋病不必要的恐惧。

HIV不会经以下途径感染:

(1)食物、饮水和空气。

(2)公共场所中的一般接触,如:在一个教室上课,各种公共交通工具的座位、扶手,办公室的办公用品,工厂车间的工具,和影剧院、商场、游泳池等场所的接触。

(3)礼节性的握手、拥抱、接吻。

(4)使用公用马桶、浴缸。

(5)蚊子及其他昆虫的叮咬。

(6)流通的钱币及票证。

艾滋病是很可怕,但同学们一定要有的正确认识:

(1)不要恐惧艾滋病,像躲瘟疫一样惶恐。

(2)不要把艾滋病划分了严格的道德范畴,对艾滋病患者存在一定程度的歧视,甚至认为这是“见不得人”的病。

(3)更不应该没有意识到我们生活在会染上艾滋病的环境里,没有意识到艾滋病也正威胁着我们。

全社会只有充分认识艾滋病,了解艾滋病的危害,明确艾滋病的传播途径,才能更好地预防,才能不再给艾滋病涂上强烈的感情色彩,才能积极正确地对待艾滋病感染者及艾滋病患者。只有消除恐惧与歧视,才能提供良好的社会环境,才更加有利于预防艾滋病。

第三章　营养、锻炼与生活习惯

第一节　养成良好的饮食习惯

一、食物的营养价值

1.营养的重要性。

要成为一名合格的人才,健康的体魄是第一位的要素。谈到健康,就不可避免地涉及到一日三餐的饮食。人体必须不断地从外界摄取食物,以满足生长、发育、生活和学习的需要。青少年的健康身体、体格和智力的发育都直接与饮食的数量和质量有关。合理的饮食和均衡的营养是健康的保证,可以增强体质,提高机体对疾病的外界有害因素的抵抗力。因此,食物在营养上的重要性就在于包含多种营养素。我们可以从食物中得到的营养素有蛋白质、脂肪、碳水化合物、矿物质和维生素等,营养学上把这些东西叫做营养素。

13~18岁是体格、智力发育的关键时期,这个时期各种营养素的需要量增加。如果这个时期的营养不足或不均衡,就会产生这样或那样的问题,从而影响自己正常的生长发育。据调查由于营养知识的缺乏,不合理的饮食行为,学生中营养不良的发生率为10%~20%,缺铁性贫血的患病率为20%~30%,肥胖率为5%~10%。青少年时期健康状况的好坏,会直接影响到成年以后的健康。许多成年人所得的疾病如心血管疾病、肿瘤、糖尿病等都是由于儿童青少年时期不良的饮食行为和习惯引起的。青少年时期是打基础的阶段，这个时期健康状况的好坏，直接关系到成年以后的健康。下面为同学们介绍一些与健康密切相关的营养知识，以指导同学们合理安排好自己的饮食。

2.食物分类。

为了能够合理地、科学地安排自己的饮食，首先应该知道我们每天吃的食物是如何分类的，每类食物提供哪些营养素。在营养学上，日常所吃的食物可分为五大类。

第一类：谷类、薯类、干豆类。我们平常所吃的米饭、馒头、面条、玉米、红薯、蚕豆等都属于此类。这类食物主要提供碳水化合物、蛋白质、B族维生素，是膳食能量的主要来源。

第二类：动物性食物。如肉、鱼、鸡、鸭、蛋、奶等，这类食物主要提供蛋白质、脂肪、矿物质、维生素A和B族维生素。

第三类：大豆及其制品。黄豆、豆腐等豆制品都属于此类。这类食物主要提供蛋白质、脂肪、膳食纤维、矿物质和B族维生素。

第四类：蔬菜、水果。这类食物主要提供膳食纤维、矿物质、维生素C和胡萝卜素。

第五类：纯热能食物。动、植物油，糖、酒等，这类食物不含营养素，只为身体提供能量。

总之，我们日常所吃的食物共分五大类，即谷类、蔬菜和水果、动物性食品、大豆及其制品和纯热能食物。那么，每类食物提供的营养素在我们身体内起什么作用呢？每天应该吃多少？缺乏或过多时又会对生长、发育及健康带来哪些影响呢？从营养素及其功能中我们就能找到答案。

3.营养素及其功能。

(1)能量与供能食物。

汽车开动需要汽油，机器运转需要燃料，人的呼吸、心脏的搏动、体力活动、生长、发育等的动力是从哪里来的呢？它是由食物中的碳水化合物、脂肪和蛋白质在体内氧化释放出来的能量，1 克碳水化合物在体内氧化产生的能量为 4 千卡(16.7 焦耳)，1 克脂肪为 9 千卡(37.7 焦耳)，1 克蛋白质为 4 千卡(16.7 焦耳)

这三种生热营养素普遍存在于食物中，通常动物性食物比植物性食物含有较多的脂肪和蛋白质。

能量不是一种营养素，但能量对人体来说是必需的。青少年需要能量以供基础代谢、生长发育、从事体力活动等。在正常情况下，人体能量的需要是与消耗相一致并与其食欲相适应的。一般来说，正常食欲得到满足时，其能量需要也可以满足。

表 3－1　推荐的每日膳食中营养素供给量

类别	体重(kg)		能量(kcal 或 MJ)		蛋白质(g)		脂肪(脂肪能量占总能量的百分比,%)	钙(mg)	铁(mg)		锌(mg)	硒(ug)
少年	男	女	男	女	男	女	不分性别	不分性别	男	女	不分性别	不分性别
13 岁～	42.0	42.4	2400(10.0)	2300(9.6)	80	80	]→25～30	1000	15	20	15	50
16 岁～	54.2	48.3	2600(11.7)	2400(10.0)	90	80		1200	15	20	15	50

(2)蛋白质及其生理功能。

蛋白质是构成人体细胞组织的基本单位的主要成分。因此是生命活动中第一重要的物质。没有蛋白质就没有生命。

机体的每一个细胞和所有重要组成部分如神经、肌肉、内脏、血液、骨骼、指甲、头发等都含有蛋白质。

青春发育期的生长发育、智力发育等生命活动都是以体内组织蛋白质的合成与积累为基础的,主要由蛋白质供给原料。所以每天都必须摄入一定量的蛋白质。

蛋白质是构成人体内具有生理活性的物质。人体内具有重要生理活性的物质如酶、激素、抗体、血红蛋白、核蛋白等都是由蛋白质及其衍生物构成的,它们在肌肉收缩、血液循环、呼吸、消化、遗传、免疫、遗传、生长发育、生殖、思维等各种各样的生命活动中起着重要的作用。

蛋白质还是维护机体内环境稳定的物质。

如体液的酸碱平衡,细胞内外渗透压的调节,体内抗氧化损伤的酶防御体系都需要相应的蛋白质参与。

蛋白质长期摄入不足,会影响正常的生长发育,导致骨骼生长障碍,智力发育迟缓,最终会导致身心发育水平低下。因此,人体每天都应当摄入充足的含蛋白质的食物。

提供蛋白质的主要食物有动物性食物、豆类及豆制品。畜禽肉类和鱼类蛋白质含量一般为15%~20%,乳类1.5%~3.8%,蛋类11%~14%,豆腐、干豆类20%~40%,谷类6%~10%,薯类2%~3%,花生、核桃、莲子等含有15%~30%的蛋白质。

由于来自动物性食物和豆类食物的蛋白质容易被我们的身体所吸收利用,称为优质蛋白。为了保证身体的需要,每天应有30%的蛋白质来自动物性食物或豆制品。

每天需要多少蛋白质呢?青春期发育阶段,身体对蛋白质的需要量增加,1988年我国营养学会修订的推荐每日膳食中营养素供给量,13~16岁42.0公斤体重的男生每天需要蛋白质 80 克,42.4 公斤体重的女生每天需要蛋白质 80 克,16～18 岁 54.2 公斤体重的男生每天需要蛋白质 90 克,48.3 公斤体重的女生每天需要蛋白质 80 克。

1992 年进行的全国第三次营养调查的结果发现,13～17 岁城市男学生蛋白质的每日平均摄入量为 83.6 克,基本上能满足需要。城市女生为 69.3 克,农村男生为 83.9 克,女生为 71.2 克。女生的摄入量普遍偏低,要注意改进。

每天吃谷类食物 500 克,豆制品 50 克,动物性食物 100 克,牛奶 1 袋,从质、量上说基本上能满足 13～17 岁同学的需要了。

(3)碳水化合物。

碳水化合物是由碳、氢、氧三种元素组成的一种化合物。食物中的碳水化合物主要是淀粉,被消化吸收的碳水化合物有三个去向,可以进入血液被直接利用,在肝脏或肌肉中以糖元的形式储存起来,转变成脂肪。糖元在我们体内储存的较少,一般只够半天用,所以需要靠一日三餐来及时补充。

碳水化合物的生理功能。它构成人体组织和参与代谢,例如参与细胞膜的构成及神经组织、骨骼、软骨、结缔组织的构成,与多种酶结合参与机体的代谢。供给充足的碳水化合物,可以减少蛋白质作为供给热能的分解代谢作用,对蛋白质有节约作用。

碳水化合物的主要来源是谷类、薯类和根茎类食物。中国人的膳食模式是以谷类食物为主,谷类食物是我们所需能量的主要来源,碳水化合物提供的能量是总热能的 60%～70%比较合适。处于生长发育期的同学们,每天需要谷类食物为 500 克左右。

日常所吃的食物，除提供蛋白质、脂肪、碳水化合物、矿物质、维生素等营养素外，还提供一定量的纤维成分。这类物质虽然不能被身体消化、吸收和利用，但在体内发挥着重要的作用。如可以吸收和保留水分，增加胃肠蠕动，刺激消化液的分泌，减少胆酸代谢产物及其他代谢产物与肠道接触时间，因而具有①预防结肠癌；②预防胆结石形成；③降低血脂水平；④降低血糖水平；⑤防止肥胖。因此，在日常饮食中要常吃一些富含纤维的粗粮、蔬菜和水果。

(4)脂肪。

脂肪是一类不溶于水而溶于有机溶剂的化合物，包括脂和油。呈固态者为脂，液态者为油。

脂肪的生理功能是：①贮存和供给能量。②维护体温、保护脏器及关节。③磷脂是组成细胞膜、核膜、线粒体的重要成分。④类固醇是激素和维生素 D 的前身物。⑤是脂溶性维生素 A、D、E、K 的携带者，供给及促进它们在体内的吸收。⑥提高烹调食物的感官性状，味道好。脂肪在胃内停留的时间长，增加饱腹感，吃含脂肪多的食物，不易出现饥饿。

脂肪提供的热能应占总能量的 25%～30%较为合适，不应超过 30%，目前城市学生中来自脂肪的能量已达 25%，所以城市同学应注意不要过多地吃动物性食物了。

(5)无机盐和微量元素。

存在于人体的各种元素，除碳、氢、氧和氮主要以有机化合物的形式存在外，其余各种元素，不论其存在的形式如何，含量多少，统称为无机盐。其中含量较多的有钙、镁、钾、钠、磷、硫、氯七种元素；其他元素，由于含量极少，称微量元素；如锌、硒、碘等。

钙

一般来说，到成年时身体内含钙总量约为1200克，约99%的钙集中于骨骼和牙齿；其余的1%以游离状态存在于细胞外液和血液中，在心脏的正常搏动，肌肉、神经兴奋性的传导和适宜感应性的维持等正常的生理活动中起着不可缺少的作用，它还参与凝血过程，维持毛细血管内外液的正常渗透压。

钙缺乏可导致生长发育不良，骨骼和牙齿发育不正常。

和其他与营养有关的疾病一样，骨质疏松是一种老年人多发的疾病，但不是到老年才开始的。

骨质的充实是从幼年开始积累的，20岁以前钙的沉积速度最快，一直到35岁达高峰，如果35岁以前骨质达不到理想的高水平，那么随年龄增长，发生骨质疏松的危险性就大。

通过合理营养和科学的锻炼是可以预防骨质疏松的发生。具体方法是增加膳食中钙的摄入量，钙的最好食物来源是牛奶及其制品，另外大豆制品、海带、虾米皮含钙也较多，要经常食用。同时要多晒太阳，增加维生素D的合成，以提高膳食中钙的利用率，还要加强锻炼。

食物中钙的来源以奶及奶制品最好，牛奶为120毫克/克，虾皮、海带和芝麻酱含钙十分丰富（每100克分别含钙为2000毫克，1177毫克，870毫克）。

13~16岁的男女生每天需要钙1200毫克，16~18岁的男女生每天需要钙1000毫克。

人们日常膳食中钙的摄入普遍不足，特别是处于生长发育时期的同学们，钙的摄入量仅达到供给量标准的40%左右。因此，同学们要对这个问题予以高度重视，注意经常吃含钙丰富的食物，以保证身体的正常发育以及预防老年后骨质疏松症的发生。保证每天一袋奶，经常吃大豆制品，就可以满足需要了。

铁

铁能运输氧，铁是人体红细胞中血红蛋白的主要成分，血红蛋白在血液中运输氧，肌红蛋白将氧运送到肌细胞。

铁参与组织呼吸，推动生物氧化还原反应。

同学们是否听说过贫血？知道贫血是怎么一回事吗？知道贫血对身体的危害吗？据调查，学生中有25%的人患有缺铁性贫血，也就是说10名同学中至少可能有2个人患有缺铁性贫血。

血液中血红蛋白含量低于正常时称为贫血。由于铁缺乏引起的贫血为缺铁性贫血。我国学生的贫血主要是缺铁性贫血。缺铁可损害神经、消化、肌肉和免疫系统的功能，影响体格和智能的发育，使注意力不能集中，易疲倦，学习成绩不佳，行为异常等。

导致学生缺铁性贫血高发的原因很多，不合理的饮食结构和不良的饮食习惯是主要原因。由于我国膳食中植物性铁的摄入量占70%～90%，而人体对植物铁的吸收率较低，且维生素的缺乏也会影响植物铁的吸收。青春期是生长发育的高峰期，对铁的需要量增加，再加上偏食，挑食等不良行为（如不吃动物肝脏、血），使学生缺铁性贫血患病率较高。特别是女同学月经来潮时，体内每日都有铁的损失，更容易发生贫血。因此，应注意膳食铁的补充，合理搭配饮食，以预防缺铁性贫血的发生，要做到以下几点：

①经常吃一些含铁丰富的食物，如动物肝、血、心、肾、瘦

肉、鱼及蛋黄,这些食物不仅含铁丰富,且吸收率较高。

②深绿叶蔬菜(如菠菜、芹菜、油菜等)、水果(红果、葡萄)、海带等植物性食物,含铁量也很丰富,可经常食用。

③预防体内铁缺乏,除摄入足够的铁外,还需有维生素C的协同作用,因此,每天应多吃富含维生素C的水果及新鲜蔬菜,争取每天吃500克蔬菜和水果。

膳食中铁的良好来源为动物肝脏、动物全血、肉类、鱼类和绿叶蔬菜(如油菜、雪里红、苋菜、菠菜、韭菜等)。

铁在食物中的存在形式不同,其吸收和利用也有所不同。非血红素铁主要存于谷类和蔬菜等植物性食物中,不能被肠粘膜直接吸收。这种形式的铁还很容易与谷类中的植酸盐、草酸盐、纤维素,茶叶中的鞣酸等形成难溶性的化合物,加工和烹调方法也很难去除。吸收率一般为10%。植物性食物中铁的吸收率较低,如稻米铁吸收率为1%,菠菜为2%,玉米为3.5%,小麦为5%,而新鲜蔬菜和水果中的维生素C,动物性食物中的蛋白质可以促进铁的吸收。血红素铁主要存在于动物血液及含血液的脏器和肌肉等动物性食物中,以卟啉铁的形式直接被肠粘膜上皮细胞吸收,既不受铁吸收抑制因素的影响也不受铁吸收促进因素的影响,吸收率高,一般为20%。

碘

成人身体中的正常含碘量约为20~50毫克,其中20%存在甲状腺中。健康成人甲状腺含碘约8毫克。

碘的生理功能是参与甲状腺素的合成以发挥其重要的生理作用,如促进蛋白质的合成,活化100多种酶,调节能量的转换,加速生长发育,维持中枢神经系统的结构,保持正常的神经状态、身体形态以及新陈代谢等重要机能。

碘缺乏可以直接减少甲状腺素的合成，从而刺激甲状腺组织代偿性增生引起甲状腺肿，俗称大脖子病，影响体格和智力的发育。

甲状腺肿的主要预防措施是吃碘盐，同时多吃含碘丰富的海产品，如海带、紫菜、海鱼、虾。

锌

锌在体内参与机体 DNA、RNA 和蛋白质的合成，维持机体生长发育；锌与视黄醇脱氢酶的活性有关，维持维生素 A 的正常代谢；维持正常味觉功能，锌缺乏时口腔粘膜细胞易脱落，以至味觉不良，进而食欲下降；青春期时性腺、性器官的发育达到高峰，锌的充足供应对促进正常性发育十分重要；锌还能促进伤口愈合，维护免疫功能。

多食富含锌的食品可以预防锌缺乏的出现，有明显缺乏症的表现时可口服锌剂治疗。

动物性食品是锌的可靠来源，如猪肉 3 毫克/100 克，猪肝 4.2 毫克/100 克，鱼类及其他海产品含锌 1.5 毫克/100 克。谷类含锌 1～2 毫克/100 克，但经碾磨后，其可食部分的含锌量明显下降，蔬菜和水果中锌的含量少且吸收差。

(6)维生素

维生素也叫维他命，是维持人体生命不可缺少的物质，人体对它的需要量极少，但任何一种维生素缺乏都会引起疾病。

根据溶解性不同，维生素分为脂溶性和水溶性维生素两大类。脂溶性维生素，有 A、D、E、K，可在体内蓄积，摄入过量将对身体产生有害影响。水溶性维生素，包括 B_1、B_2、B_6、B_{12}、C、尼克酸、叶酸等，一般不在体内蓄积，不至引起中毒。

维生素 A(视黄醇)

维生素 A 又叫视黄醇,与正常视觉有密切关系,缺乏时会引起夜盲症,即在暗光下不能看清四周的物体,俗称“鸡宿眼”。与上皮细胞的正常形成、发育和维持上皮组织的健全有关,维生素 A 不足或缺乏时,会引起干眼病,皮肤干燥、粗糙,角化、脱屑、呼吸、消化、泌尿道上皮也可发生变化。维生素 A 能够促进人体的正常生长和骨骼发育,维生素 A 缺乏时,会使青少年的生长发育迟缓,骨骼生长障碍,生殖功能也会受到影响。维生素 A 增强人体抵抗疾病的能力,缺乏时对传染病的抵抗力下降。维生素 A 具有防癌作用。

维生素 A 最好的食物来源是各种动物肝脏、全奶、奶油、禽蛋等,胡萝卜素能在体内转化为维生素 A。胡萝卜素的良好食物来源是有色蔬菜,如菠菜、苜蓿、红心甜薯、胡萝卜及青椒,杏和芒果中也含有较多的胡萝卜素。

注意:摄入维生素 A 制剂过多或大量食用某种野生动物的肝、鱼肝可以引起维生素 A 过多症。

维生素 D

维生素 D 在体内可以促进钙和磷在肠道的吸收,促进骨骼组织的钙化,促进肾脏对钙、磷的重吸收。维生素 D 缺乏在婴幼儿期可导致佝偻病,在成年人发展为骨软化症。

含维生素 D 最丰富的食物有动物的肝脏、禽蛋类。接受日照是获得维生素 D 的最好办法。奶类中含维生素 D 不高,因此,许多城市中在牛奶中强化维生素 D。在买牛奶时要注意选择维生素 D 强化奶。

维生素 E

维生素 E 具有抗氧化作用,和硒一起发挥作用,维持细胞膜的完整;维持骨骼肌、心肌、平滑肌和心血管系统的正常功能;能提高免疫力,预防衰老。

维生素E广泛地分布于动植物组织中,特别良好的来源为麦胚油、棉籽油,玉米油、花生油和芝麻油。几乎所有绿叶蔬菜都含有此种维生素,也存在于肉、奶、奶油、蛋及鱼肝油中。所以一般情况下很少发生维生素E缺乏病。

维生素 B_1(硫胺素)

维生素 B_1 又叫硫胺素,在体内参与糖类的代谢,是物质代谢和能量代谢中关键性的物质基础。硫胺素缺乏时,糖类代谢不能正常进行,从而影响机体整个代谢过程。维生素 B_1 对神经细胞膜传导起重要作用,硫胺素缺乏时,能干扰正常的神经传导,影响内脏和周围神经功能,使胃肠蠕动减慢,消化液分泌减少。

含硫胺素丰富的食物有粮谷、豆类,干果及硬果类,动物心、肝、肾、脑,瘦猪肉及蛋类。蔬菜含量比水果稍多,但不是供给硫胺素的主要来源。芹菜和莴苣叶含量丰富,应注意予以利用。

粮谷类中的硫胺素主要存在于粮谷类的外层,加工过于精细时,会损失过多,因此,要注意在日常饮食中不要吃过分加工的米、面。

维生素 B_2(核黄素)

维生素 B_2 又叫核黄素,与身体内的能量代谢有密切关系。核黄素是机体中许多酶系统的组成成分,参与体内广泛的代谢作用;皮肤粘膜特别是经常处于弯曲活动的部分和嘴角、舌细胞损伤后的再生,都需要核黄素的存在。

维生素 B_2 缺乏时,主要表现为表皮、粘膜部位的炎症,如口角炎、口腔溃疡、唇炎、舌炎、阴囊皮炎、脂溢性皮炎、角膜炎。

膳食中核黄素的主要来源是各种动物性食品,特别是动物内脏,如猪肝、牛肝、奶和蛋,其次为豆类和新鲜绿叶蔬菜。

尼克酸

尼克酸在碳水化合物、脂肪和蛋白质的能量释放上起重要作用。人体缺乏尼克酸将引起癞皮病,其典型症状是皮炎、腹泻及痴呆。多发生在以玉米为主食的地区,因玉米里尼克酸为结合型,不能被机体利用。

尼克酸广泛存在于动植物组织中,但多数含量较少,其中含量最丰富的为酵母、花生、谷类、豆类及肉类,尤其是肝脏。

维生素 C(抗坏血酸)

维生素 C 是活性很强的还原物质,参与机体的重要生理氧化还原过程。参与细胞间质的形成,维持血管、肌肉、骨、牙的正常生理功能,具有抗感染和防病作用。它能通过阻断致癌物亚硝胺的生成。它有助于铁的吸收,叶酸的利用,从而促进生血机能。

维生素 C 严重缺乏造成坏血病,主要表现是全身广泛的出血点,皮肤干燥,毛囊角化,毛囊周围出血,齿龈肿胀出血,牙齿松动,甚至脱落,关节肿胀、疼痛,抵抗力下降,疲劳,肌肉无力。

维生素 C 主要来源于新鲜蔬菜和水果,只要能经常吃到足够的新鲜蔬菜和水果,一般说来,维生素 C 不会缺乏。

蔬菜在蒸煮时其中的维生素 C 会被明显破坏,因此,要注意采用正确的烹调方法,如先洗后切,急火快炒。

二、合理的膳食结构

1.通往健康之路的膳食指南。

中国营养学会根据我国实际情况于1989年制定提出膳食指导原则,使我们能够按照各自的消费水平和食物供应情况调配自己的一日三餐,使之尽可能符合每日膳食中营养素供给量的要求。这一膳食指南是根据营养学原理对保证身体健康,减少与膳食有关疾病为目的而提出的(见图3-1)。其内容如下:

(1)食物要多样。

从上面的内容中我们了解到,人体所需要的营养素有蛋白质、脂肪、碳水化合物、维生素、矿物质。这些营养素在身体内的生理功能各不相同,但都是必需的,缺乏或过量都会对正常的生长发育和身体健康带来影响。因此,人体摄入的各种营养素必须均衡。

人体每天是从各类食物中来获取所需要的营养素的,经常吃的食物有五大类,各类食物的营养价值及所提供的营养素不同,任何一种单一天然食物都不能提供人体所需的全部营养素。因此,适宜的膳食必须由多种食物组成,才能达到平衡膳食的目的。

我国的膳食以植物性食物为主,动物性食物为辅,能量来源以粮食为主。这种膳食结构是最好的,应当继续保持。但是,近年来由于生活条件的提高,有的同学盲目追求西方膳食,经常吃西方的快餐,并以此为时尚。岂不知正是西方那种高脂肪、高热能的膳食模式,使其心血管疾病、糖尿病、癌症的发病率、死亡率远远高于我们国家。最近的调查发现,城市中小学生动物性食物的摄入量已接近高限,同学们应该注意合

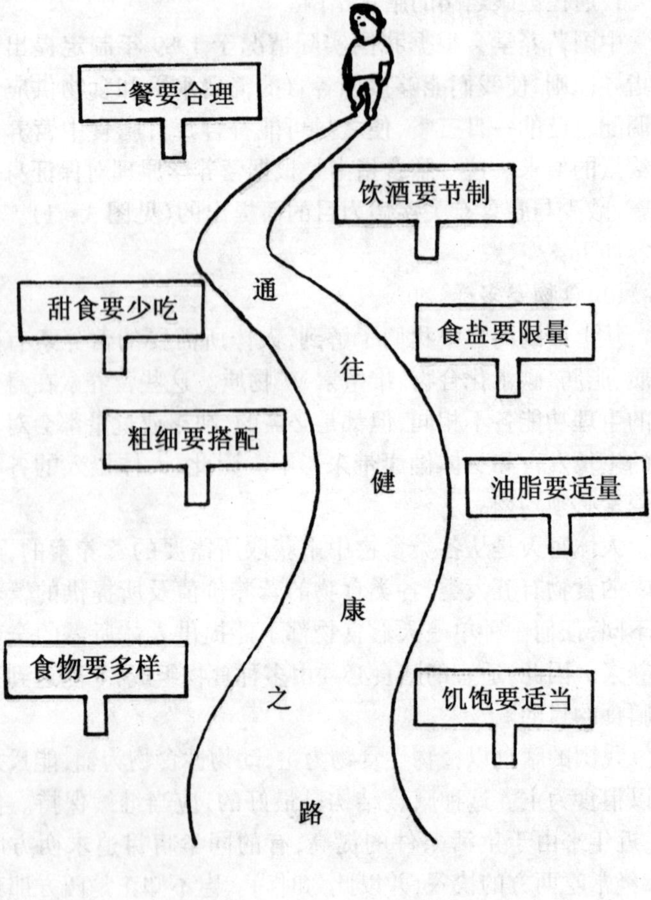

图3-1 通往健康之路的膳食指南

理安排自己的饮食，不要摄入过多的动物性食物。那么每天各类食物应该吃多少呢？大家可以从食物金字塔（图3－2）中找到答案。

（2）饥饱要适当。

每人的进食量可以自身调节，当食欲得到满足时，能量需要一般也可以满足，体重得以维持正常。当营养不足或病后康复时，进食量相应增加，以补充机体所需营养，恢复体重。因此要饮食适度，饥饱适当，达到营养适宜的程度，使能量和蛋白质的摄入与消耗相适应，避免身体超重或消瘦。太胖或太瘦都不利于人体健康，维持正常体重非常重要。经常称重是衡量饮食是否适度的常用方法。

（3）油脂要适量。

要避免吃太多的脂肪，特别是含饱和脂肪酸较多的动物脂肪，因为吃过多的饱和脂肪酸会增加血液胆固醇的含量，它是冠心病发生的主要危险因子之一。

我国城市中学生脂肪的摄入量已达到总热能的25%以上，因此要注意控制含脂肪多的动物性食物的摄入量，不应该再盲目增加了，以预防冠心病的发生。而对农村地区的同学来说，还应当适当增加动物性食物的摄入量。

（4）粗细要搭配。

不能为人体内消化酶分解的膳食纤维对身体健康很有益处。它们在人体内不但能刺激肠道蠕动，减少慢性便秘，而且对心血管疾病、糖尿病、结肠癌等有一定预防作用。

随着生活条件的改善，由于缺乏营养知识，片面地追求加工制作过于精细的食物，结果白白浪费了对身体健康有益的纤维素。因此，每天要多吃一些含膳食纤维较丰富的食物，如粗粮、杂粮、豆类、蔬菜、水果等。

(5)食盐要限量。

食盐含钠和氯,这两者都是人体必需的营养素。但是,摄取过多的钠盐是高血压的重要危险因素之一。高血压是一个遍及全世界的问题,目前我国包括临界高血压在内约有5000万高血压患者。医学研究发现,高血压的发生与食盐的摄入量呈正相关,即食钠盐量越大,高血压的发病率愈高。如果高血压患者严格限制钠摄入量,有利于高血压的下降,因而食盐不宜多吃。

中国人日常膳食中食盐的用量较多,平均每人每日消费量15~16克。为了预防高血压,每人每日食用量以不超过10克为宜。

预防高血压要从儿童青少年做起,从现在做起,从小养成良好的饮食习惯,减少食盐的摄入量,我国的膳食指南所说的食盐要限量就是这个道理。

(6)甜食要少吃。

多吃食糖最重要的问题是引起龋齿。龋齿的发病率与食糖的消费量呈正相关。食糖是纯能量食物,除提供能量外几乎无其他营养素。为了保护牙齿,应尽量少吃糖。

(7)饮酒要节制。

经常饮用高度白酒,会使食欲下降、食物摄取量减少,以致发生营养缺乏,如维生素 B_1 缺乏,食欲不振,从而影响体格和智力的发育,严重的还会产生酒精性肝硬化,危害生命。因此青少年要严禁喝酒。

抽烟影响身体对维生素C的吸收,烟中的致癌物质可导致肺癌。

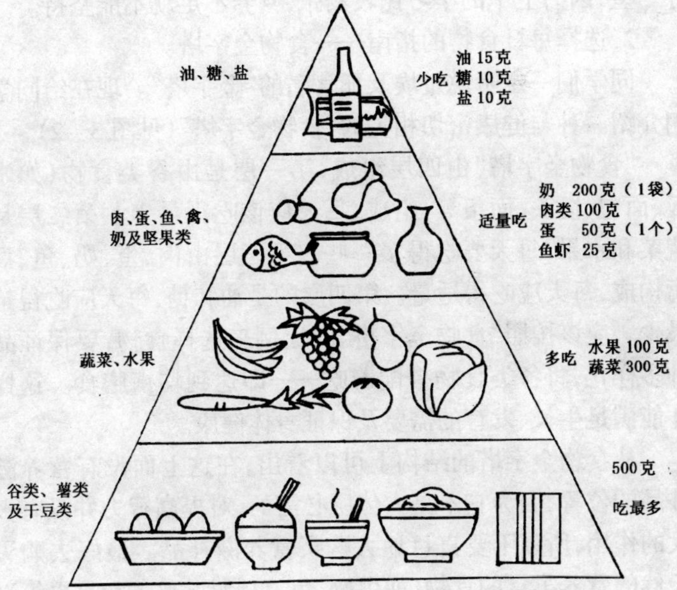

图 3－2 食物金字塔——每日食物选择指南

(8)三餐要合理。

建立合理饮食制度,切忌暴食暴饮,提倡少吃零食。每天都要安排好一日三餐,每餐的能量分配以早餐占全日总能量的30%、午餐40%、晚餐30%较为合适。要吃早餐,并且吃得好一些,因为上午的学习比较紧张,营养不足就不能坚持。

2.选择每日食物的指南——食物金字塔。

同学们一定听说过埃及那著名的"金字塔"。现在给同学们介绍一种与健康密切相关的"食物金字塔"(见图3-2)。

"食物金字塔"由四层组成,第一层是由谷类食物(如米饭、面包、馒头、面条等)组成,每天应该吃得最多。第二层是蔬菜和水果,每天要吃得多一些。第三层由肉、蛋、奶、鱼、豆腐构成,每天应吃得适量。第四层的是油和糖,每天应吃得量最少。应该按照"食物金字塔"的比例来选择食物,要保证品种多样化,将各类食物搭配着吃——即达到均衡膳食。这样才能满足生长、发育的需要及保证身体健康。

从食物金字塔的结构上可以看出,在这上面没有营养滋补品的位置,因为它不是人体所必需的,对提高智力并没有多大的作用,所以不要盲目地去购买营养滋补品。最好去购买天然的营养丰富的食物(如牛奶、鱼、豆制品、蔬菜和水果等),从每日三餐中得到人体所需要的营养。

13~17岁青少年每天选择食物的参考量:

第一类食物:米饭、馒头、面条、玉米、红薯500克;

第二类食物:肉100克,鱼虾类25克,蛋50克,奶及奶制品100克;

第三类食物:大豆及其制品150克;

第四类食物:水果100克,蔬菜300克;

第五类食物：食用油 15 克，食糖 10·克。

3.肥胖与健康。

青少年朋友当中有许多肥胖者。在城市，大约有 10% 的学生患有肥胖症。肥胖是不健康的表现，肥胖会影响心、肺功能，导致运动能力、劳动能力降低。另外由于肥胖影响体形美，会产生心理上的影响。更重要的是青少年时期的肥胖会影响其成年后的健康状况，使其高血压、动脉粥样硬化、糖尿病等多种疾病和某些癌症的发病率、死亡率远远高于正常儿童成年后的发病率。因此，肥胖已经成为引起世界范围注意的健康问题。

肥胖的原因除了有遗传因素之外，主要是由于吃过多的高糖、高脂肪食物，如油煎、炸食物，造成摄入的能量超过需要，多余的能量转化为脂肪储存体内，又加上运动不足等因素，使能量消耗降低，造成过多的脂肪储存在体内，引起肥胖。为了预防发生肥胖，在饮食上要注意以下几点；

(1)营养素的摄入要合理，做到营养平衡。即蛋白质、碳水化合物摄入应适量，脂肪的摄入量应较少。

(2)饮食习惯应做到一日三餐、定时定量，进食二餐更易出现饥饿感，其结果反而会造成饮食过量，得到相反的结果。

(3)少吃零食，许多零食含热能高，如巧克力、糖果、炸土豆条等。如吃零食应吃含能量较少的零食，如酸奶、水果等。

(4)加强锻炼，多参加体育运动，促进体内的能量消耗。

已经患有肥胖症的同学，也不要为自己的体形而焦虑不安，要在家长或医生的指导下，通过饮食、运动和行为矫正治疗法逐步进行减肥，不要盲目节食、禁食，以免对健康带来不良影响。

三、注意饮食卫生

为了保证身体健康及预防传染病、食物中毒的发生，应该注意饮食卫生，养成良好的饮食习惯。在日常生活中应做到以下几点：

(1)饭前便后要洗手；

(2)不吃腐烂、不洁、变质的食物，不饮不洁生水；

(3)剩饭菜要彻底加热后再食用；

(4)不吃超过保鲜期的食物；

(5)生吃瓜果、蔬菜和做凉拌菜时要把原料洗净；

(6)少吃油炸、熏烤的食物；

(7)不要吃发芽的土豆；

(8)不要生吃水产品；

(9)四季豆要做熟后再吃。

第二节　体育锻炼是促进健康的积极措施

许多人都已熟知“生命在于运动”这句名言。经常参加体育活动，坚持锻炼，可以提高人体免疫力和抗病能力，强筋健骨，促进心肺功能，加强新陈代谢与血液循环，调节心理平衡与增强适应能力，并可益寿延年。体育锻炼作为一种文明健康的生活方式已被越来越多的人所了解和接受。

一、体育锻炼对人体健康的作用

在营养良好的条件下，适当的体育锻炼、体力劳动锻炼可以促进生长发育和健康。体育锻炼可以促进新陈代谢。体育锻炼增加了能量消耗，从而刺激机体加强摄食、消化、吸收与合成，使能量恢复超过能量消耗，通过物质积累，促进生长发育。长期参加运动可以使肺活量和胸围增加，使全身血流量增加，心脏每次搏动所输出的血液量增多，安静时心率下降，血管弹性增加，从而促进心血管系统发育和呼吸功能。长期运动可以使肌肉纤维变粗，骨骼增粗、增长，密度增高，并促进身体成分的合理调整，以及使动作更加协调、灵活、均衡。锻炼可刺激生长激素等分泌增多，促进生长突增幅度更大，身高、体重增长更快。锻炼还可以提高机体免疫功能和抗病能力，促进人际交往和心理良好发育，调节和稳定情绪，并增强人体对环境的适应能力。

体育锻炼对大脑工作能力的影响。早在上一世纪生理学家就发现，大脑疲劳后可以通过适当体育运动，来加速疲劳的恢复，其效果往往比安静休息方式更快更好。因而体育运动又被称为活动性休息（积极性休息）。学习活动中长时间用脑，由于伏案静坐，心肺的摄氧功能会逐步降低；而大脑的紧张思考，对氧气和养料的需求却有所增加，两者造成脑细胞摄取氧气及养料相对缺乏，脑细胞工作能力和效率下降，人会感到脑子发木，不听使唤，理解力和记忆力也都降低。此时，可以进行一些运动量和强度不太大的体力或健身活动，促进血液循环和呼吸，并使负责紧张思考的脑细胞得到休息，而负责运动的脑细胞进入兴奋状态，从而有助于缓解脑力疲劳。运动时愉快人的情绪也对消除大脑细胞和身体疲劳、恢复脑的工作效率起着良好作用。学习间隙的短时间运动，就可以使已疲劳的视觉和听觉的感受能力升高30%。活动性休息的形式很多，仅选几种供同学们参考：

1.多做口腔运动。科学家们发现打呵欠、讲话、朗读甚至像咀嚼和漱口等上下口腔运动，都能对增强大脑功能有好处。

2.勤走路,多散步。现代运动生理学家们认为,锻炼腿部肌肉的运动(如跑步3分钟),确实可以消除大脑的疲劳,使包括记忆力在内的大脑功能处于最佳状态。

3.单侧体操。科学家们倡导通过单侧半身的体操锻炼,以消除对侧半脑的疲劳,恢复和发挥其功能作用。一般在学习时,左半脑的生理负荷多比右半脑重,左半脑疲劳时,容易产生无精打采,记忆力减退,注意力不集中和神经衰弱等症状。右半身的单侧体操,可以消除左侧半脑疲劳,增强记忆力,其效果能在短时间内显现出来。具体做法是(第一节重复8次):

(1)全神贯注站立并目视前方,右手紧握拳,右腕用力屈臂,慢慢上举至最大限度后还原;

(2)仰卧,右腿伸直上举,然后倒向右侧,但不能挨地;

(3)直立位,头不能动。右臂向右侧平举,然后再上举,平举还原;

(4)直立位,身体向右侧倾倒,以右手和右脚尖支撑身体,右臂伸直呈斜侧姿势;

(5)俯卧位,跷起右脚尖,像'俯卧撑'那样用右腕和右脚尖支撑起身体。

4.除上述方法外,还可以选择你所喜欢的活动,如球类、广播操、打拳、踢毽子、跳绳等,均可以起到活动性休息的目的。

二、体育锻炼应讲求科学、卫生与安全

尽管体育锻炼对青少年的生长发育与健康,对预防成年期疾病有积极促进作用。但是不适当的体育锻炼,如强度过大,时间过长或者出现伤害,则反受不利影响。因此,体育锻炼应讲求科学、卫生与安全。青少年在进行体育锻炼时要注意以下基本原则：

1.要根据自己的生理、健康状况选择适宜的体育锻炼项目，切忌盲目蛮干。体弱、月经期、患病（如心脏病、高血压、肺结核、病后初愈等）学生的体育锻炼应有别于一般学生，否则会影响其身心健康。同时，也不应轻易免修体育课或不参加体育锻炼，因为适量的体育锻炼对于他们的康复是有益的。应根据病情和体力特点适当地安排体育锻炼，如静步、打简化太极拳等。

2.体育锻炼应循序渐进，全面锻炼。青少年对各种体育锻炼项目都有一个逐步适应的过程，训练时要有计划、有步骤地增加运动量和动作复杂程度。做到运动量由小到大，运动项目由少到多，动作技巧由易到难，练习时间由短到长。训练时要有计划、有步骤地增加运动量和动作的复杂程度。如突然承担很大体力负荷或从未熟悉的高、难动作，易致过度疲劳，或因神经系统、某些器官高度紧张而发生运动创伤。

同样，青少年应注重全面锻炼，利用多种多样的运动项目促进身体在力量、速度、灵敏、耐力、柔韧、弹跳等方面都得到发展。不要片面追求运动成绩或过早侧重于单项训练。只有在全面锻炼的基础上，才能使专项运动成绩不断提高。

3.要持之以恒，经常锻炼。体育锻炼良好作用的产生，必须以“坚持经常”为先决条件。因为体育锻炼活动增强机体的防御机能，是通过不断形成暂时性的联系，而逐渐适应经常变化着的外界环境来实现的。青少年体育锻炼的积极性，更需要在不断坚持运动过程中得以发挥和巩固。

4.要有准备活动和整理活动。训练前作适当的准备活动，运动量逐渐增加，可使身体各部分，特别是心脏血管系统有足够时间逐渐提高其活动水平，以适应剧烈运动的需要。准备活动还可消除肌肉、关节僵硬状态，减少外伤的发生。在人体剧烈活动后，植物神经系统由紧张状态恢复到安静时的水平需要一定的时间。如果赛跑后立即坐下或躺下，大量血液在下肢，而脑部及身体其他部分缺血，容易发生“重力性休克”。因此，为了使躯体和内脏比较一致地恢复至安静状态，必须逐渐减少运动量。一般用整理活动（如慢跑、行走、放松体操及呼吸运动）来达到这一目的。

5.运动与休息适当交替。锻炼过程适当休息，每次休息的时间要适宜，可避免生理功能超限负荷，以防止运动创伤或过度训练。

三、介绍“全民健身计划纲要”与“每周 30 分钟健身之道训练计划”

1.《全民健身计划纲要》简介。

为了更广泛地开展群众性体育活动，增强人民体质，推动我国社会主义现代化建设事业的发展，国务院于 1995 年 6 月特制定并颁布了《全民健身计划纲要》。

该《纲要》认为目前我国所面临的形势是：“（1）建国 40 多年来，我国体育事业取得了很大成就。群众性体育活动蓬勃开展，参加体育活动的人数不断增加，人民体质与健康状况有了很大改善，全民健身工作日益受到社会的重视和支持，群众性体育活动的内容和形式更加丰富多彩，群众体育健身的物质条件逐步得到提高，体育在提高人民整体素质、促进社会主义精神文明和物质文明建设方面发挥着越来越显著的作用。（2）当前，我国经济建设和社会发展对人民的整体素质提出了新的更高要求。但是,全民健身工作的现状还不能适应社会主义现代化建设的需要。群众的体育健身意识还不够强,群众性体育活动的开展还不够广泛,经常参加体育锻炼的人数还不够多,现有体育场地设施在向社会开放、满足群众开展体育锻炼的需要方面还有较大差距,全民健身工作的科学技术和监测管理还比较落后,有关的法规制度还不够完善,适应社会主义市场经济体制的全民健身管理体制和行动机制还在探索之中。(3)为进一步增强人民体质,适应我国社会主义现代化建设的需要,必须采取切实有效的措施,推行全民健身计划,发展群众体育。

该《纲要》提出全民健身计划以全国人民为实施对象,以青少年和儿童为重点。青少年和儿童的健康成长关系到国家的富强和民族的昌盛,要发动全社会关心他们的体质和健康。各级各类学校要全面贯彻党的教育方针,努力做好学校体育工作。要对学生进行终身体育的教育,培养学生体育锻炼的意识、技能与习惯。继续搞好升学考试体育的试点,不断总结完善,逐步推开。盲校、聋校、弱智学校要重视开展学生的体育活动。要积极创造条件,切实解决学校体育师资、经费、场地、设施等问题。

该《纲要》的实施步骤是"采取整体规划,逐步实施的方式,从现在起到2010年分为两期工程。第一期工程自1995~2000年,分为三个阶段:1995~1996年为第一阶段,进行宣传发动和改革试点,初步掀起一个全民健身活动热潮。1997~1998年为第二阶段,通过重点实施、逐步推进,形成崇尚健身、参与健身的社会环境和社会风气。1999~2000年为第三阶段,全面展开全民健身计划的各项工作并普遍取得成效,建立具有中国特色的全民健身体系的基本框架。第二期工程自2001~2010年,经过10年的努力,把全民健身工作提高到一个新的水平,基本建成具有中国特色的全民健身体系。

2."每周30分钟健身之道训练计划"。

美国加州大学著名运动生理学家劳伦斯·E·莫尔斯博士,提出一个每周三次,每次10分钟的"一周30分钟健身之道训练计划",并分为"获得全面适应力"和"维持保养"两类。青少年朋友们照此去做,会变得精力充沛,注意力集中,思维敏捷,更具有青春的活力,不妨试试看(图示见第89页)。

(1)获得全面适应力:

第一阶段:机体组织及心血管的重新调节。第一个8周。

分钟	练习	脉率控制
0~1	做柔体热身活动:伸手,扭动,屈曲,转动	
1~2	15~20个推开动作	
2~3	坐后仰动作,每个动作支撑15~20秒	
3~4	重复推开动作	
4~5	重复坐后仰动作	
5~10	以60%的脉率大步慢跑起平静作用的散步	≤(220-年龄)×60%

第二阶段:肌肉耐力及心血管的重新调节。第二个8周。

分钟	练习	脉率控制
0~1	40~50个推开动作(快速)	
1~2	坐后仰动作,每个动作支撑40~50秒	
2~3	重复推开动作	
3~4	重复坐后仰动作	
4~10	耐力的间期训练(30秒的大步慢跑及与30秒积极的休息交替进行)起平静作用的散步	≤(220-年龄)×80%

第三阶段:肌力及心血管的再调节。第三个8周做柔体热身活动。

分钟	练习	脉率控制
0~2	1~5个推开动作与每个支撑5秒钟的坐后仰动作练习交替进行	
2~10	疾跑间期训练(15秒大步慢跑与15秒的积极休息交替进行)	≤(220-年龄)×80%

(2)维持保养活动:

第一阶段

分钟	练习	脉率控制
0~1	做柔体热身活动	
1~1.5	5个训练力量的推开动作	
1.5~2	训练力量的坐后仰动作,每个动作支撑5秒	
2~10	训练耐力的大步慢跑以80%的脉率进行	≤(220-年龄)×80%

第二阶段

分钟	练习	脉率控制
0~1	做柔体热身活动	
1~2	20个扩张式推开动作	
2~3	扩张式坐后仰动作,每个动作支撑20秒	
3~10	训练耐力的间期训练(30秒的快速循环呼吸练习与15秒的积极休息交替进行7分钟)	≤(220-年龄)×80%

第三阶段

分钟	练习	脉率控制
0~1	做柔体热身活动:伸手,扭动,屈曲,转动	
1~3	50个训练耐力的推开动作	
3~5	训练耐力的坐后仰动作,每个动作支撑50秒	
5~10	疾跑间期训练(15秒的快速循环呼吸练习与15秒的积极休息交替进行5分钟)	≤(220-年龄)×80%

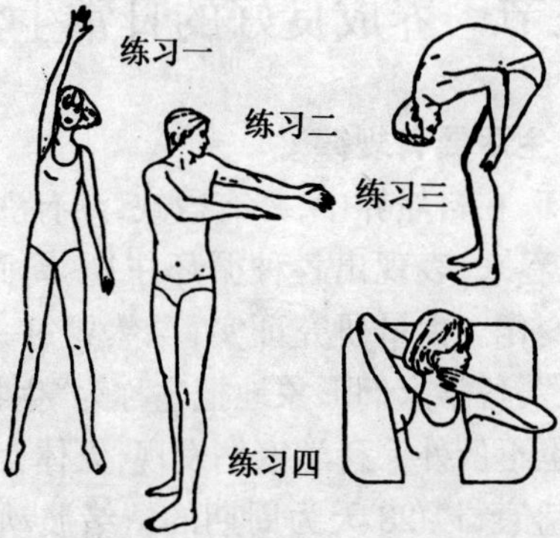

柔体练习

推开动作

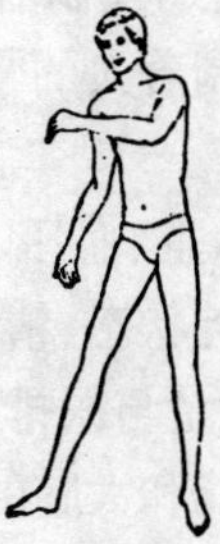

单足跳跃

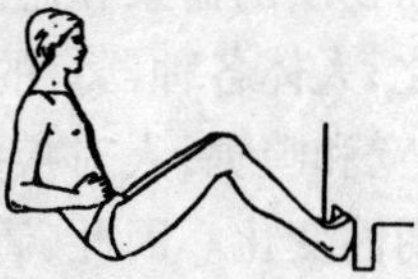

坐后仰

第三节　养成良好的日常生活习惯

一、日常生活要有规律

众所周知，在自然界中，月有盈缺，潮有涨落，四季寒来暑往，候鸟秋去春来，表现出各种循环往复、周而复始的奇妙的周期性节律变化。大量研究证实，自然界每一种生物都有自己的“时间表”，科学家们形象地把它称为“生物钟”，作为万物之灵的人类也不例外。科学家们发现，人体存在着以 23 天为周期的体力盛衰，以 28 天为周期的情绪波动以及以 33 天为周期的智力起伏。人体的体力、情绪、智力三个周期性节律，从出生至死亡，始终支配着人的生命活动。体力周期控制着人的体能、精力和工作能力；情绪周期控制着人的自信心、情感和社会心理活动；智力周期则控制着人的学习、记忆和逻辑思维能力。

除月节律变化外，人的体温、体重、血压、基础代谢率、脑电图各类波型、心率、呼吸频率、精神状态、精力、血糖含量、各种激素和代谢物质的血浆和血清含量与尿排泄率等亦会发生昼夜性的变化；人体各种器官的机能和大脑的学习工作能力，人的痛觉、视觉和嗅觉，人对疾病、噪音和药物的敏感性也都有日节律周期性变化。因此，青少年应为自己制定并遵守一个合理的生活作息表，养成定时学习、活动、体育锻炼、休息、睡眠、饮食的习惯，从而使整个身体的生理活动富有规律和节奏。这样就能保证劳逸结合，满足生理和生活的需要，起到促进生长发育，增强身体抵抗力和预防疲劳的重要作用。

二、个人卫生习惯的养成与定型

个人卫生习惯的好坏直接影响其身心健康，养成良好个人卫生习惯是预防疾病的先决条件和自己的责任。所以青少年应先了解自己已有的卫生习惯情况，一面注意培养良好卫生习惯，另一面注意消除不良的生活习惯，并通过生活中的反复训练使之定型，将这些内容列入生活的一部分。

1.身体的整洁是个人卫生中重要的部分。

(1)注意日常仪容的整洁；

(2)注意对毛发和皮肤的细心护理，会影响个人的外表仪态；

(3)注意对眼、耳、口、鼻和皮肤的保健；

(4)保持口腔和牙齿的卫生，早晚刷牙，定期检查。

2.良好的生活习惯。

(1)经常保持适度运动的习惯，可以增强血液循环、呼吸和肌肉运动的能力，对个人健康大有好处。

(2)睡眠与休息可以调理生理机能，补充能量以防身心疲劳；中等职业学校的学生每天应睡足8小时，才能保证学习和健康。

(3)保持个人日常卫生，勤洗澡、勤换衣服、不饮生水、饭前便后洗手、生吃瓜果要洗净，可以降低传染病感染的机会。

3.健康行为。

(1)良好的健康行为应从小养成。儿童青少年时期是人一生中长身体、长知识和心理发展的特殊阶段，也是为终身健康打基础的时期。儿童青少年可塑性和敏感性大，易受环境因素的影响。儿童青少年时期所形成的生活方式、卫生习惯与行为习惯的好坏及健康状况，都可能对其一生的身心健康水平与劳动能力有着直接的因果影响。有些中老年时期发生的心身疾病就是源于儿童青少年时期的不良习惯埋下的隐患,如心脑血管疾病、慢性支气管炎、肺结核、风湿病等。这些病不是突然发生和形成的,大多是在儿童青少年时期得病未能得到及时、正确治疗的结果。如动脉粥样硬化的病变,在儿童青少年时期就已可初步形成。所以,儿童青少年应从小养成良好的健康行为习惯,为青年至老年期的健康发展奠定良好基础。

(2)个人的行为可能影响自身及他人的健康。有些行为,对人群健康是有利的因素;但是有些行为,可严重地危害人群的健康。如吃生鱼的传统习惯可引起肝吸虫病的流行。吸烟、酗酒、食用过多的动物脂肪、缺乏体育运动等行为,可严重危害健康。随地吐痰、乱扔垃圾、在公共场所或家庭中吸烟等都可影响他人的健康。

三、注意用脑卫生

科学家们认为,从身体条件来看,人类是很一般的。力气不如牛、马,跑不过鹿、狗,灵敏不如猫,在听、嗅觉感觉方面也不如许多种类动物。而且,不能像鱼那样游,像鸟那样飞,像昆虫那样旺盛繁殖。尽管人体看似粗笨,然而人却因为拥有比一切动物更为发达的特殊器官——大脑,而成为地球的统治者——'万物之灵'。青少年认识大脑的功能及其特点,了解和掌握使大脑处于最佳工作状态的诸种要素及可行方法,会有助于提高学习效率和保持身心健康。

1.神奇的思维器官。

大脑的思维功能,使人类区别于其他动物。然而,人类对自己的思维器官的认识却经历了一个曲折的过程。2000多年以前,古希腊大哲学家亚里士多德认为,心脏是人感情、思想和记忆力的栖所,而大脑的作用仅仅是使血液冷却。这一错误的"心源说"曾经统治了人们的头脑好几百年,它的一些"碎片"至今仍然保存在我们现代人日常语言中。世界文坛巨匠莎士比亚在《威尼斯商人》中有这样两句诗:"告诉我爱情长在何方?是在脑海,还是在心房?"。这反映了当时的人们在对待人类思维器官是心脏还是大脑这一问题上的争论。15世纪有一幅《纽伦堡漏斗》的版画。画面上,一位教师在一个男孩的头骨里插进一个漏斗,并把所有的数字和文字灌进去,令人忍俊不禁。但这幅画能把心和脑分开,并能把知识与脑联系起来,这在当时来说是一个很大的突破。因为它承认了思维是脑的基本功能。所不足的是把学习和主动精神分割开了。

1870年两位德国青年医生,在狗的颅内开创了采用电极进行探查研究的方法,首先发现了大脑对运动的支配。几年后,美国医生巴莎路又在清醒病人的大脑皮层中,发现了支配人体运动、感觉的各个"机能区"。19世纪法国医生布洛卡在左脑找到了各种语言(说话、书写、听话、阅读)中枢。20世纪,加拿大医生潘非尔德绘出了大脑皮质分管各种运动、感觉、语言、记忆、情绪、注意、内脏活动的"侏儒图"。美国神经生理学家斯佩里等人发现大脑左右半球在功能上的不同分工。

科学家们的研究表明:人的高级思维功能包括记忆力在内,是由大脑皮层来实现的。大脑皮层像树皮包着树干一样覆盖着脑髓,其厚度约为1/3cm。如果把它平展开来,面积约一张报纸那么大。然而,在这小小面积上却聚着140亿个神经细胞(又称“神经元”),其数目相当于世界人口总数的三倍,十分惊人。每一个神经元包括细胞体和神经纤维两部分。来自感官的信息到达大脑时,能使神经元电位发生变化,每一个神经元都可以通过这种电位变化把信息编译成密码后,沿着神经纤维传递给其他神经元。每一个神经元可以同上千个其他神经元纤维相通,并相互组成复杂的神经“回路”,这就是思维的生理基础。据科学家估计,大脑凭借着它利用这无数之多的神经联系的能力,可根据所得信息的种类和任务,来储存和加工大量的信息。神经系统活动的基本方式是对内外环境刺激的有规律的应答——“R 反射”。有些反射生来就有,称为非条件反射。生后在特定环境和情况下逐渐形成,并建立在非条件反射基础上的反射,叫条件反射。对食物、声、光等具体信号刺激产生的条件反射,称为第一信号系统。对抽象语词产生的条件反射称为第二信号系统。学习活动是以脑力活动为主的,但主要是在语言的密切参与下,由第二信号系统完成。

2.大脑皮层机能活动特性。

(1)始动调节原则。人们发现学习开始时的工作能力比较低,经过一段时间后才会逐步提高。这是因为神经细胞本身的功能启动和神经系统对其他器官、系统的功能调节,都需要经一定时间才能达到高峰水平,这称为始动调节现象。这种现象在学日、学周和学年开始时都能看到,可通过适量的热身活动,调整神经细胞的兴奋性,尽快进入最佳状态。

(2)动力定型。各种内外条件刺激依照一定的顺序不变地重复多次以后,大脑皮层的兴奋和抑制过程,在时间和空间上的关系就逐渐固定下来。使神经通路变得更为通畅,条件反射的出现愈加恒定和精确，这就形成动力定型(也称习惯)。在生活中，一切技能、行为、习惯的培养和训练，就是动力定型的形成过程。这样能使神经细胞以最经济的消耗而获得最大工作效果。年龄越小，越容易建立动力定型。而动力定型具有习惯性，一旦形成后，就不要轻易改变。重新建立与原有相反的动力定型，可造成皮层脑细胞巨大负担(如开夜车)，对身心健康极为不利。

(3)优势法则。当人从事某项工作时，其工作效率取决于有关的大脑皮层区是否处于良好的兴奋状态。人能够从作用于其机体的大量刺激中，只选出最强或最重要的(符合其兴趣、愿望，或与达到某种目的有关的)少数刺激，由这些刺激引起兴奋的皮质区，较其他区域的兴奋性活动占优势，称优势兴奋灶。优势兴奋灶可将皮层其他兴奋点的兴奋性吸引过来，加强自己的兴奋性，同时抑制其他区域(有利于休息恢复)。优势兴奋区域具有最良好的应激功能和反应能力，条件反射容易形成，因而学习工作效率最高。明确的学习目的性和教学内容、形式的趣味性，有利于形成优势兴奋灶，使注意力易于集中。因此，在学习中若能明确目的，引起兴趣，就可以使学习的刺激在大脑皮层上引起优势兴奋灶，注意力比较集中，不容易受其他新异刺激的干扰，从而提高学习效率。但青少年时期优势兴奋灶较易消失，故随意注意不能持久，应考复习期间应注意这一特点。

(4)镶嵌式活动。人在从事某项工作时，大脑皮层只有主司相应机能的细胞群处于兴奋工作状态，而其他部分则处于休息抑制状态，兴奋区与抑制区在空间呈互相镶嵌方式。随着工作性质的改变，主司新机能的皮层细胞群，形成新的镶嵌方式，大脑皮层各区域得到轮换休息。因此在教学中，不同性质的课程轮换、脑力与体力活动交替、动与静的变换、工作与休息的穿插等措施，都可使大脑保持较长时间高效率的工作能力，有益于减少学生的疲劳发生。

(5)保护性抑制。任何脑力活动都伴随着大脑皮层能量物质(高能磷酸化合物)的损耗。皮层机能的损耗过程未超过恢复过程时，大脑工作能力不会出现下降。倘若损耗过程超过恢复过程时，大脑工作能力随之下降，出现疲劳，皮层工作产生保护性抑制。此时，如及时休息，工作能力可迅速恢复；若不休息继续工作，则疲劳加深，引起过度疲劳。因此，在学习过程中必须劳逸结合，适时休息，预防疲劳发生。

3.影响大脑工作能力的因素。

学习是紧张的脑力劳动，影响学生脑力工作能力的因素一般分为两大类：内部因素和外界因素。

(1)内部因素。即指学生本人的年龄、生理和性别特点、生物节律、健康状况，心理状况及对学习的态度等。一般来说，年龄越小，兴奋和抑制过程越易扩散，因而工作能力也愈不能持久；性别差异主要表现在，因女孩多已开始青春发育期，学习负担应照顾到女生经期工作能力存在周期性降低的特点；而任何急慢性疾病及身体虚弱都会对大脑功能产生不良影响。

(2)外界因素。包括学习场所的环境条件(如空气、采光照明、课桌椅、噪声和各种学习用品的卫生质量)学习负担、教学内容和方法、作息制度等等，这些因素都与大脑工作能力有密切关系。

4.讲究合理用脑。

学习是非常紧张的脑力劳动，大脑是人体最精细微妙的器官，也是最容易出现疲劳的器官。因此，要想保持大脑高效率的长时间工作，就应注意劳逸结合，合理用脑。

(1)科学安排脑力活动的“张”与“弛”。常言说：“文武之道，一张一弛”。紧张的学习就是大脑的“张”，停止脑力活动就是大脑的“弛”。脑力活动的时间不宜过长。对于中等职业学校学生来说，在0.5～1小时左右的脑力活动之后，便应有一小段休息时间，或闭目养神，或到户外作一些文体活动，如眼保健操和远眺，有利于下一阶段用脑。

(2)注意机能轮换。除了脑力与体力的机能轮换外，还应注意学习内容要穿插变换。如阅读一段时间的英语后，可改作数学演算；写完一篇作文后，可变换做化学或物理。这样交替学习内容差异较大的不同课程，比长时间读一门功课的效率提高。这样做，可使大脑管理不同功能的区域得到轮流的兴奋与休息，避免长时间使用一个区域，从而保持高效率的工作。

(3)讲究最佳时间。每人的最佳用脑时间是截然不同的，但大致可归纳为三种类型：一种是“猫头鹰型”。这类人喜欢在晚上工作，尤其是晚上8点到深夜，故常被人称为“夜猫子”。一到夜晚，“猫头鹰型”人的脑细胞就进入适度兴奋状态，精神饱满、毫无倦意，“奇思常伴夜色来。”第二种是“百灵鸟型”。这类人注重“一日之计在于晨”，早睡早起，一到清晨情绪就高涨，思维也活跃。第三种是“混合型”。这类人全天用脑效率差不多，但相对而言，在上午9～10点和下午4～5点左右效率为好。并且在整个人群中，“混合型”的人约占95%左右，是绝大多数。这三种最佳用脑时间的类型，很难说哪种学习和记忆效果最好，这在很大程度上取决于个人的用脑特点和习惯，不可能有同样的模式。每人都应摸索出适合自己的模式，使其融入正常有律的生活作息之中，形成良好的动力定型，并且更重要的是不轻易改变它，这样才会收到最佳效果。

5.大脑疲劳的自我检测。

进行大脑疲劳的自我检测可采用校字法。校字法是采用校字表，在规定的时间内，完成指定的作业量，即阅读字数为反映工作速度的指标，产生的错误数或错误率为反映工作正确性的指标。大脑疲劳时，完成指定的作业的速度减慢，错误增加。校字法分简单试验和带抑制条件试验两种。简单试验，要求受试者凡遇到指定删除的字母（如为B时），使用笔划斜线删去(B)；带抑制条件试验，则要求在某一特定条件下才能把指定的字母删去，如前面有H，紧接其后的N字才删（即HN中的N应用\线删去），其余的N字不删（H为抑制条件）。一般采用计时2分钟（到时应立即停笔，并在停处的字母右侧划一休止符」），看完成的阅读字数和错漏字数，凡遇漏查一行则计为一个错误，该行的阅读字数和应删数均不计入。指标计算：

$$错误率(\%)=\frac{错漏字数}{总阅读字数}\times 100\%$$

$$大脑工作能力指数(AYP)=\frac{总阅读字数}{2(分)}\times\frac{正确删除字数-错漏字数}{应删字数}$$

评价方法：在自己学习工作前后各测试一次，将两次结果进行比较。结合阅读字数与错误率两项指标评价大脑的工作能力状态,可以分为四种类型:(1)良好——学习工作后阅读字数增加,错误率降低;(2)不变——两项指标比学习工作前均无差异;(3)早期疲劳——学习工作后两项指标中有一项变坏;(4)显著疲劳——学习工作后两项指标均恶化。亦可用学习工作前后的大脑工作能力指数(AYP)值比较分析自己的疲劳动态。

校字表

测验时间________年________月________日第________次

K E X H B A E B X K N X B E C K A C N E A B E C A E K N A C X K H C B K N B H E——40
H C B A N X K X C A X N K H X N H E C H B A H K E N X C K B N H C A N X E A N X
A B X K A C E H K X E H N E A B K C E K H C A E K C A B H C B K N X N H B X A B——120
N E H X B H N A H E C A B H E X C H N B K A X H E A H X K A N E X B C X N A C K
X B K N A C H E N C A H N C N C K C A B X K B E N C B K H E X K E N K E B X H C——200
B A H K E X K B H X C E A B K E X A N K H C E B K H N A E X H B N E X K H C N A
H X E N A C B A N C K B C A N C N K E X N E X C A B X K H N A C K X H N E B K H——280
C B X H C N C X K A N E A X B K H E N C A B K E X C A X N X H K C B K E N H E B
H K N E X C A K N X A B E H A N C X A B H K C B H K X E B H A E N H A K E H B X——360
B E C X B A K C H N X C N X H B E K C A B E K C N B A K N C H A B N E X C A H E
X N A K H E N B N K A X K B N C H E B E X C H K A H B C K N B H E X A N K X E C——440
A C X E K A X C A C K H B X H K B A H C E N K B H N X E A B K E X A B K E H C N
K H N A E B H X C K X E H C N A H X E X A C B A N C E N C A B C E N A X N E X A——520
C K B N H X C B K E H N E B H K X E N C B K A X K H H A K C X H N E B A H C B X
N C H B X K A H E A C B K H E N C A B K E X C A X N B H C K B K E H N E A N X E——600
A H B N A C X A B K N C E X K H E B H A N E H K A H E C X B E C X A B K C H N X
K B N X E H C A B E N X K H C B E K B H X E N C B A K N C N A C B E N A X K H——680
H N C E N K A X C A H X K N C E H K B A X E K A B E X N H K B X E K H A B H B E
N H E K A C K H B N X C A X E K B A X N K H E B C A E K A N X B H C N X C B H A——760
B E N H K X C N A H K X C A B X E N A X E N C K E B C A K E H X B N C N H X C K
A B C E X N K A H X B E H N E A H B X E B H K C N H K C X A N A H B E X A N K C——840
C N X H K A C X A K E A C X B C E K E X K A H N X N A E K B X B C K H E B K N H
X A E X H B N K E X H C N A C K E X B H C X E H N K C B A N H A B N C B K N C X——920
E N C B K A H X C E K A B N E H N C A B K E X C A X K H B K B E H K N E B H E A

KENHAXKCNHBXHBCXAENKECBXECNXAEHBANCKABHN——1000
AHBNCAXABKNCEXKHEBHANEHKAHECXBECXABCKHNX
KBNCXEHCABENXKHCBEKBHXENCBAKNCNACBENAXKH——1080
HNCENKAXCAHXKNCEHKBAXEKCBEXNHKBXEKHABHBE
NHEKACKHBNXCAXEKBAXNKHEBCAEKANXBHCNXCBHA——1160
BENHKXCNAHKXCABXENAXENCKEBCAKEHXBNCNHXCK——1200

查阅字数______错误数______错误率______%

工作能力指数________________________

四、注意用眼卫生

1.合理的照明。

人们无论是工作、学习和生活,都需要有一个舒适的环境,特别是需要有一个光线柔和的照明条件。这样才能保持最好的视力,持久地学习、工作而不产生视力疲劳,从而提高学习和工作效率。

什么样的光线才是适宜的呢?我们知道,光线的强弱称为照度,它的单位称勒克斯(LX),也就是指一支蜡烛的光,垂直照在距离1米处的物体上的照度,称为1勒克斯。我们一般用的白炽灯从1米高处照下来,20W灯泡的照度是30LX,40W是75LX,100W是230LX。我们一般阅读、书写和近距离工作时,所需要的照度范围是100~500LX。一般家庭用的日光灯,耗电量较小,同样度数的日光灯比普通白炽灯亮三倍。但当灯管老化后,其照度下降并有闪光,对眼睛有刺激,应及时更换。一般用于读书写字时的照明可参考以下用法:(1)15W日光灯或40W的白炽灯,可用做吊灯,但是距离读物的垂直距离不能高于60~70厘米;(2)30W的日光灯,离读物的垂直距离1~1.3米;(3)25W的白炽灯,灯与书的距离不应超过 50 厘米;(4)1 米的距离就需要 60W 灯泡的照明设备;(5)灯应放在读物的左前方,使光线由左前方射来,以免写字时手挡光线;(6)用白炽灯时应加灯罩,使光线集中在读物上;(7)学校一间 50 平方米的教室,一般需要 40W 日光灯 6 支,灯管离地 2.5 米为宜。

2. 要有节制地看电视,预防电视病。

电视机和游戏机的普及推广,在给青少年带来了积极因素的同时,也影响了一些青少年的理论思维和阅读能力,给人们增加了忧患。过多地收看电视还可影响青少年的健康,如减少体力活动和眼球运动,使双手和身体笨拙,影响食欲,甚至脑电发生变化等,损害身体。严重者可以出现抽搐——电视性癫痫,电视性斜颈等。

看电视时应注意:(1)眼与电视屏幕的距离一般 2~3 米为宜,因距离越近需要眼的调节力越强,眼睛就越容易疲劳;(2)电视机的安放要合理,应使电视屏幕中心的位置比观看者的水平视线稍低,这样人的颈部肌肉就会放松,不易疲劳;(3)连续观看电视或操纵游戏机的时间不宜太长,一般以 30 分钟后就闭眼数分钟为宜;(4)看电视节目时,室内最好有一个弱光照明,否则电视屏与室内照度的对比度过强,易使眼睛疲劳;(5)看电视时,要随时矫正不正常的姿势,看完电视要注意洗脸和手。

五、注意坐、立、行的正确姿势

健美的体型要从青春期开始塑造。要使体型健美,不但要有强壮的体格(即骨骼粗壮、肌肉壮实),而且要有正确的基本体姿,这就要从小培养良好的坐、立、卧、行姿势。正确的站姿给人英俊勃发的印象,而长期歪肩站立,缩脖耸肩则又难看又会引起弓腰、斜肩和驼背，不利于胸廓发育和呼吸、血液循环。走路应该腰板儿挺拔、挺胸抬头，既不要歪歪扭扭，也不要勾肩搭背。为了减少疲劳、预防脊柱弯曲和近视眼等疾病，提高学习效率，保证身心健康地生长发育，青少年学生应注意选坐适合自己身高的课桌椅，培养良好的坐姿，控制书眼距离。坐姿要端正，大腿平放，小腿与地面垂直，脚底平放，使全身的重心分散到各支点上，使臀部和腿部的神经、血管不受压，以减少疲劳；前胸与桌沿保持一拳距离(4cm左右)，不要紧贴桌边，更不要趴在桌子上，以免胸廓受压。睡时最好侧卧，两手轻放在身侧，两腿轻轻弯曲，这样容易消除疲劳。总之，要像古人说的那样："站如松，坐如钟，卧如弓，行如风"，才有利于健康的生长和健美体姿的养成。

六、养成不吸烟、不饮酒和不滥用药物的行为与生活方式

1.不吸烟。

众所周知，吸烟有害于健康。吸烟者的常见疾病是肺癌、支气管炎、肺气肿、肺心病、缺血性心脏病和其他心血管疾病、胃和十二指肠溃疡。吸烟者的死亡率高于不吸烟者。肺癌死亡人数的90%为吸烟者，吸烟量越多，肺癌死亡率越高。胃和十二指肠溃疡患病率，吸烟者为不吸烟者的两倍。青少年正处在生长发育的突增时期，身体的各种组织和器官尚待发育和完善，神经系统、内分泌功能、免疫功能都不稳定，对外界有害物质的抵抗力、适应力都很差，很容易罹患多种疾病。香烟燃烧时，烟雾中的多种有害物质(尼古丁、烟焦油、3,4苯并芘、一氧化碳等)，对青少年机体的损害更为严重，吸烟年龄越小，损害越大，不仅易患感冒、支气管炎、肺炎，还可患与成年人一样的肺气肿、肺心病、慢性支气管炎和支气管扩张等疾病。青少年吸烟除了易患各种与吸烟有关的各种疾病外，还会影响机体和智力的发育。体检表明，吸烟学生的身高、胸围，肺活量都比不吸烟的同年龄学生低。据长期观察证实，吸烟学生的灵活性、耐力、运动成绩、学习成绩和组织纪律性都比不吸烟的学生差。吸烟对于中枢神经系统与大脑的学习和记忆能力所产生的影响，近年来已受到人们的重视。另外，“被动吸烟(指不吸烟者被动吸入吸烟者吐出的烟雾)”的危害也已引起全世界医学专家的重视。值得注意的另一个问题是，很多吸毒者大多是从吸烟开始的。所以，青少年不仅自己不要吸烟，还应劝戒他人。

2.不饮酒。

有些人认为饮酒可提高学习和工作的效率。其论据是“李白斗酒诗百篇”。听起来似乎满有道理，现代科学研究已了解到，酒中的主要成分是酒精，在医学上属于麻醉剂。神经系统对其极为敏感。酒精首先是降低大脑皮层的抑制过程，使其失去了对皮层下低级中枢的控制，这时丘脑、大脑边缘叶等部分的功能就活跃起来，因而出现兴奋状态，实质上是一种低极中枢过度兴奋的表现。同时，饮酒者的辨别力、记忆力、注意力及理解力也减弱。长期饮酒可严重损害脑的功能，更不能胜任学习任务。酒对人体的危害，除酒精外，还与酒中所含的甲醇、杂醇油、醛类、铅等杂质有关。这些有害物质可使神经系统充血，产生头痛及视力减退，干扰学习。酒精对人的食道、胃、十二指肠等也有很大刺激，一次大量酗酒即可诱发急性胃炎。长期饮酒还会造成慢性酒精中毒和慢性胃炎。据统计，食道癌、胃癌、肝癌在酗酒者中发病率最高。喝下去的酒精90%左右要在肝脏氧化分解，因而对肝脏有直接损害，可引起脂肪肝、酒精性肝炎、酒精性肝硬化等肝脏疾病。有研究表明,酒精消耗量越多,肝硬化死亡率越高。酗酒还会遗害后代,据记载我国大诗人李白、陶渊明都因长期酗酒而所生子女智力低下。总之,饮酒弊大于利,既损害身体,也损害脑。

3.不滥用药物。

我们经常听到许多人谈论“药物”。自有文化以来,药物即被人类使用着。几千年来,虽然药物的使用已成为世界文化中的一个重要部分,不过直到今天药物问题才被人们极端的关注。显然,今天许多人不正确的使用药物、甚至滥用药物,已严重到影响个人、家庭和社会健康与安宁的境况。借着有计划的教育力量来影响人们养成正确使用药物的观念,供给更多对药特性的认识以及预防并改变错用或滥用药物的行为,将是健康教育极其重要的一环。

(1)什么是药物。所有的药物都有一个共同点,它们都是由化学成分组成的。当进入人体时,都会使人在生理或心理上产生某种变化。通常我们一提及药物,首先联想到的就是抗菌素(如青霉素)、退烧药(如 APC)、止痛片(如颠茄)和消毒剂(如碘酒)等。现在人们关心的重点已大部分集中在那些对人类心理功能有影响的药物上。如安眠药、麻醉药、酒精、烟草、毒品(如海洛因、迷幻药、大麻)等。

(2)药物的不良反应。每种药品都有固定的药理作用特点。有的可以抑制病原体,有的可提高人体自身的抗病能力,有的可消除疾病的症状,有的可解除病人的痛苦,防止病情恶化。当药物进入人体后,机体与药物相互作用,起到防病、治病的药理作用。药物在常用剂量时,伴随着治疗疾病的同时,也可出现一些与用药目的无关的作用,它可给病人带来不适或痛苦,但一般危害不大。药物在用药剂量过大,或用药时间过久,或机体对某些药物特别敏感时,所发生的对机体有损害甚至危及生命的反应,我们称之为药物的不良反应。药物的不良反应主要有①副作用:药物在防治疾病时,发生不需要的药理作用(这些作用在别的场合有用)。②毒性反应:指药物那些没有任何防治意义的不良作用,如链霉素的耳毒性。③过敏反应:药物对特异体质的病人,在用药后出现麻疹、发热、血小板减少等症状。④继发性反应:药物在治疗作用后又产生不良的后果,如某些抗菌素在抑制对其敏感的致病菌的同时,反造成其他不敏感菌的繁殖而致病。

(3)药物在使用一段时间之后,人体对药物的效用会产生一种耐药性(也称抗药性,是指微生物对药物的抵抗性),以至于必须不断地增加剂量,才能够达到原有的效果。有些药物在使用几天后就会有耐药性;有些需数周或数月;还有一些药物长时间大量使用也只会产生轻微的耐药性。

(4)烟草、酒精和有些药物长期使用及毒品短期使用后会产生心理或生理上的依赖。人体对药物还有习惯性和成瘾性。如长期使用某药的人会对该药产生耐药性,当停用药后并没出现反常的症状,叫做习惯性。有些药物(如中枢镇静剂、毒品)久用后会使人产生病态的嗜好,甚至一旦停用药物后会出现严重的精神和全身症状,这称为对药物的成瘾性,俗称为"上瘾"。心理上的依赖(习惯性)可由使用任何药物所致。心理上的依赖是当一个人发现使用某一些药物之后,感到很满意或很愉快,以致发展成热切地需要这种药物。这种渴望是非常强烈而有力的,可使一个人耗费大量的时间和精力去求得、使用和谈论。其结果可能是使用大量的药物成为他的生活方式，以至于他在许多重要的问题上无法发展和学习，在社会上无法有正常的表现。

(5)药物是一种具有治病和致病两重性影响力的物质。一般来说，药物的常用量是安全的，但是长期服用药物，即使是常用量，有时也会产生不良后果。俗话说："是药三分毒"。药物可被明智地或愚昧地使用，它们既具有拯救生命、医治疾病、供给愉快、帮助自我了解和生长发育的作用，但也能导致心理和生理上的伤害，甚至死亡。所以一种药物被使用后，其在人体生理和心理上所产生的影响是应该特别被考虑的。如何使用，为何要用和在什么情况下使用药物，是很重要的。药物本身无所谓好或坏，但我们必须考虑到药物是否被用在好的地方。当药物被使用得不当，或剂量过多，或混合使用以致增强了它们的潜力而造成伤害的话，我们称之为"药物滥用"。吸烟、饮酒和吸食毒品，均属于"药物滥用"行为。

总之，药物既可治病，又可致病。因此，服药应掌握如下原则：要在医生的指导下用药，药物的种类要少、剂量要准确、不可长期服用某种药物。如果服药后出现不良反应，也要及时找医生来帮助解决，不可自己滥用药物。

七、珍爱生命，拒绝毒品

毒品：通常指鸦片、海洛因、冰毒、吗啡、大麻、可卡因、摇头丸以及国家规定管制的能够使人形成瘾癖的麻醉药品和精神药品。某些医疗应用药品，如吗啡、杜冷丁，当被非法滥用时，也可以称其为毒品。

为什么毒品能够害人，而且一旦沾染就难以戒掉呢？

因为不论什么人，只要沾染上毒品，都会产生双重依赖。

1.身体依赖：毒品会使人的机体发生适应性改变，建立起新的药物作用下的平衡，一旦停止用药，生理功能就会发生紊乱，出现一系列严重反应：烦躁不安、焦虑、忽冷忽热、流泪、出汗、恶心呕吐、全身颤抖、腹痛腹泻等症状，痛苦万分。吸毒者为了缓解痛苦，就必须再次摄取毒品，并不断加大剂量。

2.精神依赖：正常人大脑内和体内的一些器官里，存在着内源性阿片肽和阿片受体，当人体摄取毒品后，内源性阿片肽受到抑制，阿片受体只能靠不断摄取阿片类毒品才能调节精神平衡。当毒品作用于人的神经系统，还会出现一种异常的精神效应，使人从心理上对毒品产生强烈的渴求。

人体一旦出现身体和精神依赖，即使经过脱毒治疗，要完全康复其原有的生理功能，至少需要几个月到几年的时间。更为严重的是，要清除对毒品的精神依赖十分困难，许多吸毒者经戒毒治疗后仍一而再，再而三的复吸，就是这个原因。

毒品是全球性公害，是人类共同的敌人，它严重威胁着人类的健康与社会安全。在我国吸毒人群中，15～30岁青年是主要群体。青少年吸毒原因复杂多样：

(1)出于对毒品无知与好奇；

(2)受不良群体的影响，经受不住"朋友"的劝诱；

(3)遇到困难、挫折、社会压力、人际冲突时作为一种寻求刺激、寻求解脱的手段；

(4)不健康的逆反心理或盲目的崇拜；

(5)家庭成员的不良影响。

总之，毒品总是追随人格不健全者。

吸毒者是在自掘坟墓，禁毒专家从医学角度对毒品致死的原因进行过如下分析：

(1)吸毒过量中毒致死，这是最常见的，占50%以上。过量吸毒会立刻引起中枢神经的过度抑制，使呼吸减缓，严重者呼吸停止。

(2)因吸毒而导致的各类并发症致死，如：艾滋病、肝炎、各种感染化脓性疾病。

(3)因吸毒导致虚脱而死，吸毒者往往食欲减退，造成身体极度虚弱。

(4)为取得毒品去干违法犯罪的事，被人致死，或受不了毒瘾的折磨而自残。

贩毒有罪，吸毒违法。1997 年 7 月 1 日第五届全国人民代表大会通过的《中华人民共和国刑法》明确规定：走私、贩毒、运输、制造毒品要受到严格的法律制裁。引诱、教唆、欺骗或强迫未成年人吸食、注射毒品要从重处罚。全球性禁毒扫毒运动，将是一场长期的斗争，联合国把每年的 6 月 28 日定为“国际禁毒日”。

青少年要有强烈的责任感、使命感，以自我控制能力为基础，以良知为准则，协调由于方方面面影响而产生于自己内心深处不正确乃至邪恶的欲望，不仅可以使自己成为一个遵纪守法的人，也可以有效防止毒害的侵袭。同学们，珍爱生命，拒绝毒品。

第四章　安全和自我防卫知识

第一节　预防事故、消除隐患

随着社会工业化、都市化的发展,意外事故造成的死亡和伤害也有不断加重的趋势。据美国报道,近年来美国每年约有 11.5 万人死于事故,约有 40 万人遭到不同程度的终身残疾,约有 1100 万人受伤,不仅使人们遭受身心的痛苦和摧残,同时,也带来了医药费用的支出、影响生产等社会经济损失。杭州市 1953~1984 年曾对居民死因作过调查分析,发现在 5~19 岁儿童青少年人群的死亡原因中,意外死亡的死因顺位已经上移,居男女儿童青少年的首位。可见,安全已成为当今社会的主要问题之一,加强对青少年的安全教育十分重要。

一、安全的概念及安全事故的主要类型

安全的概念就是避免危险的发生。因此,加强安全的防范必须集中注意在人们预防日常生活中的潜在危险上,而潜在的危险往往来自人类自己的行为及周围环境两个方面,也可以说主观和客观两个方面。要从这两个方面预防事故,消除隐患。为了便于统计和研究,可把事故归纳为四个主要类型:①机动车事故。发展中国家机动车事故发生率高于 30‰,发达国家低于 15‰。如以每万辆车死亡率(城市)作为

指标，我国为50左右。与国外相比，是日本的26.5倍，美国的17.8倍，居世界之首，应引起高度重视。②家庭事故。人们以为家庭是一个最安全的地方，实际每年亦有不少人在家庭事故中受伤，甚至丧生，如儿童摔伤、玩具致伤；烫伤、烧伤；炊具使用不当，电气设备老化、安装不妥造成的伤害以及煤气中毒、食物中毒，等等。③社会事故（机动车事故除外）。如旅游或野营地的场所、设备、器材的不安全造成事故；游乐设备、器材不符合卫生标准，缺乏严格的安全操作规程造成伤害；食物的贮存、制作和管理不当，发生集体食物中毒事故，等等。④工作事故。在工作过程中发生的事故。

二、增强安全意识，提高预防事故的自觉性

为增强安全意识，提高预防事故的自觉性，青少年应该学习安全知识、建立信念、采取行动。

首先，要认真学习有关安全知识，学习有关安全事故发生的诱因。一般来说，诱发事故的原因有主观和客观两个方面。主观方面，如人们缺乏必要的安全知识，对各项安全的潜在危险性认识不足；不重视安全问题，不愿意为了安全而忍受某些不快，甚至一点不便；习惯于采取一些不利于安全的行为。客观方面，包括生活和工作环境中各种存在的不安全因素，如房屋、设备、物理环境等。要对社会、家庭、学校、工作场所及个人行为的潜在危险及有可能造成的伤害因素进行认真的了解和分析。如家庭的潜在危险因素——炉灶情况、洗澡用热水器情况、各种电器设备的安装情况、有毒物品（如农药）的存放及管理情况等；又如骑自行车、摩托车问题，即须了解车的性能如何，是否合乎安全要求；个人有无熟练的驾驶技术？是否掌握交通规则，并有自觉实行交通规则和采取相应行为的心理准备;道路状况如何,等等。

其次,要建立安全的信念。在学习安全知识,学习事故发生的诱因等相关知识的基础上,建立起安全是可预防性事故的概念,既要免除侥幸心理,又要树立事故的发生与否关键在于个人是否摒弃危险行为、采取安全行为的信心,从而提高个人在防范事故中的自觉性和责任感。

最后,自觉采取安全行为。为了保护个人及他人的健康和幸福,为了社会的发展与稳定,青少年应该时时处处提高警惕,避免意外事故的发生。

第二节　意外伤害事故的预防和处理

青少年在日常生活、学习和工作中,一方面要增强安全意识,避免意外伤害事故的发生,同时,也必须学习掌握一些初步的、基本的急救知识,以便在紧急情况出现时,及时地进行自救与互救,减轻意外事故给健康带来的损害,并尽力挽回受伤者的生命。如果在意外伤害事故面前手足无措,只等医生到来,那就会失去宝贵的抢救时机。

下面介绍一些最常见意外事故的预防和处理,以及人工呼吸的具体操作方法。

一、擦伤

擦伤是在跑、跳等活动时摔倒或在冲击作用下与硬物相擦而形成的皮肤表面创伤。擦伤时往往有出血,或有局部组织液渗出,局部有较轻的红、肿、痛、热等表现。

擦伤是外伤中最轻的一种,但由于擦伤所造成的伤口大都浅而脏,伤面较大而又不规则,引起感染的机会较多。因此,要认真处理伤口,如果处理不当,会引起感染,使伤口久久不能愈合。

小面积擦伤,可用2%红汞或1%龙胆紫涂抹,一般不必要包扎,但一定要注意保持清洁,局部暂时不要洗和浸水,防止继发细菌感染。

大面积擦伤,要先用生理盐水冲洗;如创面上有泥土、煤渣、砂粒等嵌入皮肤时,要用消毒过的毛刷轻轻刷出,待创面清洁后,用凡士林纱条覆盖,再以绷带包扎。关节附近的擦伤无论大小,最好都要包扎或用纱布覆盖,因为关节经常在运动,难免使伤口不发生污染。

二、拉伤

拉伤主要指肌肉、韧带撕裂伤,多发生在四肢关节部位,是骨关节周围的韧带、肌肉和关节囊等软组织因为突然用力,或受外力过度牵拉而发生的损伤。青少年发生拉伤的主要原因是体育锻炼前准备活动不充分,或者活动的姿势及动作不正确所致。

拉伤后局部会出现充血肿胀和疼痛,活动受到限制。同时,拉伤处往往还会有一最大压痛点,肌肉痉挛紧张,发硬;如果动作需要主动收缩和被动拉长时,疼痛还会加重。如果严重拉伤,肌纤维发生部分或全部断裂,可引起非常明显的肿胀,皮下出现大片的淤血,颜色乌青,收缩和伸长等动作均受到障碍。

处理拉伤最好的办法是休息、消肿和止痛。初拉伤时,往往有出血或者少量渗血,所以要暂停活动,抬高患肢,局部冷敷(如冷水、冷毛巾等)。若拉伤程度不大,一般24~48小时内即已停止渗血,停止渗血后即可利用温热疗法(如敷热水袋),以促进消肿和吸收,但每次持续不超过30分钟,温度不能太高,以免再出血或加重渗出及水肿。拉伤较重者一定要请医生检查处理。

三、刺伤、切伤

凡皮肤伤口是由尖细物件插入引起的,叫刺伤;用锐利物切开引起的,叫切伤,两种伤都会在不同程度上造成皮肤和皮下组织的破损口。

受伤以后要注意先止血,即用消毒纱布垫敷在伤口中,用手指压迫一段时间,直到出血止住。有时伤口较大、较深,常会伤及小动脉,故压迫局部良久仍出血不止,这时需要根据解剖部位压迫动脉才能达到止血目的。如上臂和肩部止血可压迫锁骨上窝;下肢止血需用全手掌用劲压住腹股沟等,难度较大些。

压迫止血目的在于为送医院救治争取时间,减少大出血对机体的危害。所以,在压迫止血的同时,应抓紧时间做好送往医院的准备工作。

除先注意止血外,还要注意保持创面的清洁。如果伤口不大,出血已止住,应使用消毒过的生理盐水清洗局部,以便于医生作缝合手术;如果伤口暴露时间超过8~12小时,又有局部红、肿、热、痛等炎症现象时,在医生处理前,应以消毒纱布覆盖伤口并暂行包扎;伤口很深、很脏,或是由铁钉、铁锈物引起者,应注射破伤风抗毒素,具体由医生实行。

四、烧烫伤

烫伤是由热水或其他热的液体造成的身体损伤;烧伤则有火焰烧伤、电烧伤、放射线烧伤和因强酸、强碱和其他化学物质所引起的化学烧伤等,当然最常见的是火焰烧伤。这两种损伤性质虽有不同，但引起的病理改变，治疗方法以及后果等却大体相似。所以亦可统称烧伤或烧烫伤。

烧烫伤对身体的危害程度，取决于烧烫伤的程度，医生们有统一的衡量标准。烧烫伤如较轻，发生在四肢的某一部位，即应把烧烫伤处立刻浸入冷水中，如不便于浸泡，即设法用冷水连续不断的冲淋；如有水泡，可用消毒针挑破，然后用凉开水或生理盐水反复冲洗，再用 1/2000 洗必泰液轻轻搽创面，千万注意不要乱涂酱油、油脂、煤渣等物，也不要涂抹红药水、紫药水等。

如果创面在头部、颜面、颈项、臀、会阴等部位，不要包扎而要暴露。这样，创面与空气直接接触，痊愈较快。但是，如果在冬季，室温要适当提高，防止受凉，室内尽量减少尘埃，使创面保持干燥清洁，局部可抹些烧伤膏等，可起到消炎作用。

较严重的烧伤，应尽快送医院救治。

五、鼻出血

鼻出血的原因主要因碰撞、打击或外伤(包括用手抠挖鼻腔)等，造成鼻粘膜损伤而引起。冬季北方地区气候干燥，也是造成鼻粘膜干裂、出血的重要诱因。青春期少年的鼻粘膜下血管海绵窦极其丰富，所以不仅容易鼻出血，而且出血时往往来势较猛。但是，经过正确处理后这种出血是能够较快止住的，所以不要紧张害怕。

鼻出血时人要立即平卧，头向后仰，这样可使鼻粘膜下的末梢血管的血量减少，出血速度减慢；以冷湿毛巾敷在前额，并不时更换；用干净棉花湿透冷水后敷在鼻梁骨的两侧。此外，还可用干棉花条塞入鼻孔，堵塞压迫住破溃血管口，并改用口呼吸，以加快凝血过程。

出血较多，势头较猛时，可以在塞鼻孔的棉条上滴几滴麻黄素或肾上腺腺素液，利用它们强烈的收缩血管作用，很快能够止血。有时，还可用双指紧紧压住眼角与鼻根间的面部小动脉，或紧捏两侧鼻梁，张嘴作深呼吸，有较好效果。反复多次的鼻出血，出血较重或每次止住出血的时间很慢，应及时去医院五官科作进一步的检查。

六、出血

血液占人体总重量的 9% ~ 10%，如果某青少年体重有 50 千克，那么其中的 4.5 ~ 5 千克是血液。血是重要的生命物质，如果创伤后失血量超过 20%，就会出现血压下降、心慌心悸、休克等症状；如果失血量在 30% 以上，那么生命就有危险。因此，一旦发生创伤，正确及时的止血是维护生命和健康的关键。

救护因创伤而出血者，要头脑冷静，先区分出血部位、出血量和出血性质。

皮下出血。伤口有轻微的渗血时可用干净棉球按压，一般很快止住；皮下有瘀斑和血肿时，只要皮肤未破，不久也会自行吸收，因此，注意不要随便把皮肤弄破。

外出血。有血液从伤口流出。外出血多数是毛细血管出血，血呈红色的串珠状，一般都能自己凝住；如果有静脉出血，血为暗红色，均匀而连续地涌出，一般通过按压、上止血带、加压包扎也能止住。动脉出血时，鲜红的血从伤口喷射出来或像涌泉样冒出，若不及时止住即有生命危险。

对小静脉止血，可以纱布绷带加压包扎。对动脉或大静脉出血，宜用指压法。即先用手指摸到血管的搏动点，然后用拇指（如力弱可手握成拳）压在出血血管的近心侧，使血管在压迫下闭合，中断血流。若出血处在手、前臂或肘部，主要压肱动脉；脚、小腿或大腿部出血主要压股动脉；肩部、腑窝、上臂靠肩部出血主要压迫锁骨下动脉；颜面部出血压迫耳屏前的血管搏动点或眼角处的眼前动、静脉。

面部指压止血法

肩部指压止血法

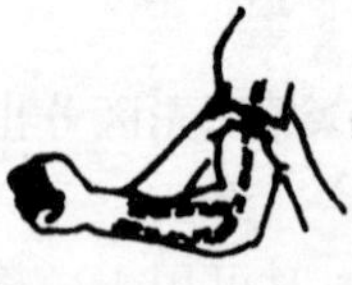

上肢指压止血法

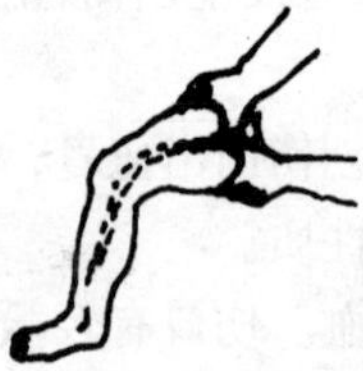

下肢指压止血法

图 4-1　各种指压止血法图示

内出血。人体深部组织或内脏受伤后血流入体腔内，表面上看不出来。若发现受伤者有面色苍白、出虚汗、脉搏微弱而快、血压持续下降、身体某一部位有明显压痛和烦躁不安等症状时，应高度警惕有内出血的可能。此时急需呼唤急救车送往医院进行抢救，大量出血对生命构成严重威胁。

七、骨折

骨折是在外力冲击下骨头部分断裂或全部折断。骨折分两种，一种是开放式骨折，即骨头从折断处穿破皮肤露在外面，另一种是封闭式骨折，即皮肤没有被骨头所穿破。骨折时受伤者疼痛剧烈，严重时伴有昏迷、大出血等危重症状。

骨折的处理要看受伤者的具体情况。如果受伤者有休克、昏迷、大出血等情况，首先应该进行人工呼吸，并将受伤部的衣服脱掉，保持受伤部位不动，设法给予止血，暂缓固定包扎受伤部位。如果是颈部或背部受伤或者患者失去知觉时，不要随便移动受伤者，应立即去请医生急救处理。

如果病人情况允许，要及时固定骨折断端。原则上要做到超关节固定。例如手的前臂骨断了，那么应先固定断骨的上下断端，然后用夹板将其连同上面的肘关节和下面的腕关节一起固定住。上肢骨折固定时呈屈肘状，下肢骨折固定时力争使肢体伸直，指或趾最好暴露在外面，便于通过指或趾观察血液循环。夹板与断肢间要垫些纱布或棉花，在保证夹板不滑脱的情况下，尽可能松一些，使血液循环畅通。开放性骨折要预防感染，不要冲洗伤口或用药敷在伤口上，要用消毒敷料盖住伤口，不要试图将骨的断端塞入伤口内。

在把受伤者送往医院作进一步治疗时，正确的方式搬运、护送十分重要，它在很大程度上会影响到下一步治疗的成功或失效。如果伤情轻，并且离医院不远时，可以徒手搬运；对骨折伤情重，全身状况不好的伤员最好用担架搬运，担架一般用帆布制作，没有时也可用门板或床板代替，移动伤员时，动作要轻柔，用被单、宽带等把伤员固定在担架上，以免不慎跌落；骨折伤的一端最好有专人照料；担架如果放在汽车里，伤员的身体宜于车行方面垂直;昏迷的伤员要让他取侧卧位,背底略垫些软物件,使伤员保持呼吸畅通。

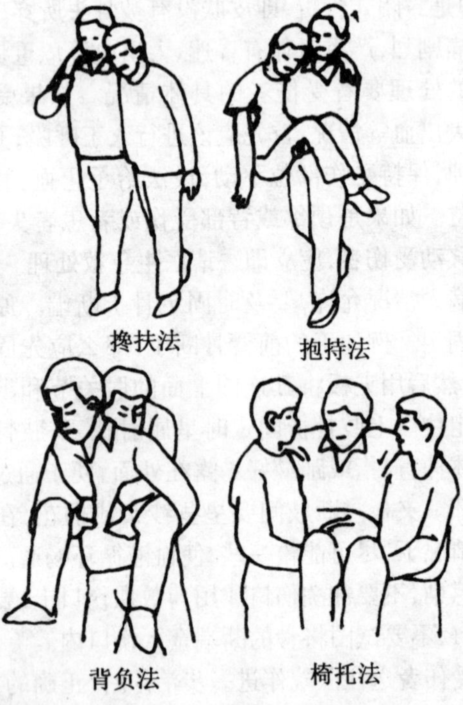

图 4-2　徒手搬运方法图示

八、车祸

车祸是指车辆(如火车、汽车等)在街道、公路上行驶过程中发生碰撞、碾压、翻覆、落水、失火或驶出路外而造成人畜伤亡、车物损坏的事故。现今世界每年死于车祸的人数在25～30万之间,受伤者达3000万人,永久性伤残者约有300万人。世界卫生组织近期的一份报告中指出,因车祸受伤害的人数以15～24岁的青少年最多,并在继续增长。

车祸主要危害儿童青少年和老年人。据报道,0～14岁儿童车祸死亡者多发生在路边玩耍或搭自行车;青年以骑自行车、摩托车丧生者居多;老年因车祸死亡则主要为行人(80%)。随着交通事业的发展,车祸高危人群——老人和儿童青少年因车祸引起的死亡率还可能继续增高。据日本报道,儿童青少年的主要死因中车祸是首位。我国某省车祸死亡率(11.4/10万)已接近同年的肺癌死亡率(14.0/10万),且寿命损失率远远超过肺癌,因为车祸死亡率是儿童青少年,从这个意义上讲,车祸对人类健康的危害远大于癌症。

车祸对社会经济损失十分严重。据不完全统计,1985年我国因车祸所造成的直接经济损失达12.4亿元,因劳动时间损失及劳动能力的损失所造成的间接经济损失约为15亿元,此后每年均呈急剧上升的趋势。此外,车祸给个人和家庭带来巨大的心理创伤,更难以用金钱来计算。由于车祸的精神刺激,可导致多种心身疾病的发生和发展。

交通安全是一个复杂而庞大的社会系统工程,因此,车祸的防范,必须采取综合治理措施。应从车、路、人以及环境几方面考虑。如建立健全交通安全法规;制定事故预防计划;加强交通管理,重视驾驶员的教育工作等。从青少年个体而言,要认识到交通事故将会给个人、家庭、社会带来不幸和危害,自觉、严格地遵守交通规则,注意预防交通事故的发生。骑自行车时,要保证自行车的刹车性能良好,骑车不要带人,不要在骑车时和同伴嬉戏、打闹；不要突然猛拐；行走时，要走人行道，要在右侧道边行走；横过马路时不能奔跑，要做到“一慢、二看、三通过”。有人行横道的街道，必须走人行横道。

青少年不仅要自己模范遵守交通规则，而且要做交通规则的义务宣传者，并能随时帮助老、弱、病、残者，为社会做贡献。

九、触电

触电，是指人体触到电流后所受到的伤害过程。触电后对人体的损害要看电流的强弱，20 毫安以下的电流会引起麻木感、全身肌肉的收缩和痉挛，超过 20 毫安的电流可引起严重灼烧、皮肤烧焦和炭化，甚至造成心脏停跳、死亡。

触电的急救首先应迅速关闭电源开关、切断电流，或者用不导电的物体，如木棒、竹竿及其他绝缘物把电线挑开，注意千万不要用湿的东西。在电源未切断前，不要直接去拖拉伤员，因为此时伤员仍是未脱离电源的，否则自己也会触电；而当电线挑开后，虽然伤员已不再接触电源，但电线仍为带电，谨防因为抢救时的慌张，又使抢救者接触电线而发生触电。

要将伤员迅速转移到安全地带，解开皮带和衣扣，使其前额仰起并抬高下颏，清除口内粘液，保持呼吸道通畅。有呼吸、心跳停止现象的，立刻进行心肺复苏抢救，如口对口呼吸和胸外挤压心脏等，一直坚持不懈毫不放松，直至医务人员赶到，再由医务人员抢救处理。

触电对青少年人群危害很大，为了避免意外，青少年要认真学习安全用电知识，切实注意以下九个方面：

1. 不要用湿手触摸电器开关；

2. 不要在电线下放风筝、用竹竿打鸟等；

3.不要在高压供电设备附近休息和玩耍；

4.离开教室和工作场所前要关闭所有电源；

5.使用久置不用的电器时，事先要请学校电工师傅检查修理，排除故障后方可使用；

6.电器周围如有积水应及时清扫，清扫前先切断电闸；

7.发现路边或教室附近有断落电线时要及时向供电部门报告；

8.雷雨时不要在树下避雨，如正在山坡上要迅速下来；

9.学会在同伴遭遇触电时正确应用解救方法。

十、淹溺

淹溺，俗称溺水，是在游泳或失足落水时发生的严重意外伤害。溺水占意外事故死亡原因的第三位，是青少年尤其是农村青少年的主要死亡原因。

从发生淹溺到死亡，平均只有 4 ~ 12 分钟，因此，及时而正确地采取急救措施是非常重要的。

首先，发现溺水者在水中挣扎，要毫不迟疑地前往急救，同时召唤其他人协助。如身边有绳索、木板或其他不易下沉的物件，可抛给溺水者，再拖其上岸；游泳技术好的，可迅速绕到其背后，抓住头发或夹其腋窝，以仰泳方式将溺水者救出水面。

其次，救到地面后，立刻将其平卧，解开衣带，清除口鼻等处泥沙杂草，以保证呼吸道畅通。及时控水十分重要，抢救者单腿半跪，将溺水者头朝下，肚皮贴在自己膝上，使肺、胃内积水排出；或者将溺水者扛在肩上，腹部置于救治者肩峰上，边快步走动边控水。控水时间不宜过长，特别是当控水作用不明显时，应抓紧时间采取其他急救措施。例如，一方面做人工呼吸,一方面作胸外心脏挤压,两者协调进行(平均吹一口气,按心脏4~5次),最好由两人协调配合进行。若牙关紧咬,也可将人工呼吸方式由口对口改为口对鼻;无论采取何种方式,均应持久的坚持下去,直到医生到来做急救处理。

图4-3 控水姿势示意图

淹溺要防患于未然,由于溺水多数情况下是游泳所致,所以,有关游泳的安全教育十分重要。对游泳锻炼要加以严密组织、积极引导,并设置现场救护员;游泳前充分作好预备活动,根据自身体力合理安排时间,在饥饿、疲劳时不宜游泳;游泳活动前要经过医生的认真体格检查,凡患有高血压、心脏病、肺结核、肝肾疾病、癫痫等慢性疾病的青少年都不宜游泳;游泳池、场应有深、浅水的醒目标志,清除淤泥杂草,填平陷泥坑等,以消除隐患。青少年绝对不可在未经勘查的湖泊、河流、水塘里游泳。总之,青少年应有游泳安全的观念,并学习在发生游泳意外时的自救方法或对溺水者进行急救的基本知识。

十一、煤气中毒

煤气中毒是由于含碳物质(如煤)在不完全燃烧的情况下,放出大量一氧化碳,进入人体后与人血液里负责运送氧气的血红蛋白结合,从而破坏其运氧能力,使人处于严重的缺氧状态而造成的。进入人体的一氧化碳越多,人就越容易缺氧,对生命的威胁也越大。轻度的煤气中毒,中毒者有头晕、头痛、恶心呕吐、心慌乏力等症状。较重的煤气中毒因人处于较严重缺氧状态而发生半昏迷或昏迷,即使得到抢救但如抢救晚或不得当的话,会部分留下后遗症如肢体麻痹、幻听、幻视等。如果重度中毒,可从昏迷状态进入呼吸、循环的全面衰竭,甚至死亡。重度中毒经抢救脱离生命危险者,有相当多的人会留下明显后遗症,尤其是对智力活动与学习能力造成的损害往往无法逆转。

煤气中毒的急救要点是:①发现有煤气中毒者,立即打开门窗,并将患者迅速移到空气流通的场所或室外,解开紧身衣服和腰带,便于吸入新鲜空气,但应注意保暖,盖好被子或衣服。②清醒后可给一些热水或热糖水喝,千万注意在中毒者昏迷状态时不给灌水或其他液体,否则极易灌入气管,引起窒息及其他严重后果。③若呼吸及循环已处于衰竭状态,就应立即作口对口的呼吸并作胸外心脏挤压术,并立即与医生取得联系,请医生来作处理。在医生到来之前,一定要坚持做人工呼吸和胸外心脏挤压,如果坐等医生到来或随便放弃抢救,那就可能错过了抢救时机。

煤气中毒一般发生在日常生活之中,做饭取暖、使用燃气热水器洗澡等如不注意安全都有可能发生。在北方冬季取暖季节，室内或教室内用煤炉取暖时尤其需要注意安全。煤炉上必须装有烟筒；要经常检查烟道是否畅通，有无被烟尘堵塞或者漏气情况；室内门窗应装上通风换气装置，下课后要开窗通风，加速室内污浊空气外排。城市使用煤气热水淋浴器洗澡时应有专人照料，注意有无煤气泄漏及灭火现象，淋浴器的安装和使用要严格按有关安全规定进行。此外，在煤气炉上煮粥煮汤，要注意不使水外溢而扑灭火焰。

最后，提醒青少年，一氧化碳是无臭、无味的气体，人们闻到的臭味是煤气公司为提醒大家注意煤气中毒而故意加的，用炉子取暖做饭时决不能以有无闻到臭味来作为室内有无煤气的判断标准，否则会丧失警惕。

十二、食物中毒

食物中毒是指健康人吃进了在加工、储存、运输、销售过程中，受到细菌、真菌毒素以及有毒化学物质（如农药、砷、金属等）污染的食物，而引起的一种急性疾病。

青少年发生食物中毒以细菌性食物中毒最常见。如吃了被细菌污染的熟肉、凉拌食品、豆制品、剩菜、剩饭、糕点、奶和奶制品，以及未经煮透的鱼类、海产品等都可发生细菌性食物中毒。无论引起中毒是那一类细菌，中毒者都有共同的症状，即：恶心、呕吐、腹痛、腹泻、大便稀水样，有的大便还带血、脓血等消化道症状，有时还会发烧等，严重者可以危及生命。

预防食物中毒最根本的措施是注意集体和家庭膳食的卫生，尤其是夏秋季的饮食卫生，具体可归纳以下几个方面：

1.做饭菜要有计划，尽量现做现吃，不留剩饭菜。剩饭菜要放进冰箱，但放进冰箱不等于放入了“保险箱”，细菌照样可在冰箱内繁殖。因此，从冰箱内取出的食物必须加热以后再吃。被污染的食物往往表面上并无腐败现象,但要经常警惕食物中毒的发生。

2.凉拌肉食要煮熟,凉拌生菜要洗净并用开水烫过。

3.切生熟菜、肉要有两套案板分开使用。

4.蒸煮螃蟹、蚶类等须待水开后再煮35分钟以上,以杀灭体内细菌,并现做现吃。

5.炊事员工作前要洗净手,患有痢疾、肝炎、化脓性(尤其手部)皮肤病时应及时治疗,并暂时或长久调离炊事岗位。

6.夏秋季节,每餐前后吃几瓣生大蒜,对防治细菌引起的肠道疾病有较好效果。

此外,预防食物中毒还要掌握某些食物特征、熟悉烹调注意事项,做到防患于未然,下面重点介绍几种食物引起的中毒:

发芽的马铃薯中毒:马铃薯即土豆,是营养丰富的好食品。但是发了芽的马铃薯千万不要吃,会引起中毒。马铃薯应贮放在低温干燥处,以免发芽。如已发芽,应彻底挖掉幼芽、芽眼及周围组织,煮熟煮透再吃。

扁豆中毒:扁豆又名四季豆,是富含营养的蔬菜之一。扁豆中含有对机体有害的有毒成分,会引起中毒。这些毒素不耐高温,若烧熟煮透,毒素即全部破坏,不会再危害人体。

苦杏仁中毒:生杏仁中有一种有毒成分叫氰甙,食后会导致中枢的麻痹而死亡。桃仁、李仁也有类似的中毒作用,所以,一定不能吃这些生果仁。

黄曲霉素中毒:花生、玉米和大米等贮存过久或受热受潮,会霉变并产生大量黄曲霉素,毒性很大,不仅会造成急性中毒,引起肝脏炎症变化等,严重者可引起肝硬化、肝昏迷,还会诱发肝癌。所以，青少年朋友一定不要吃发霉的花生、玉米和大米。

亚硝酸盐中毒：亚硝酸盐主要存在于腐烂变质、烧熟后存放过久、或腌制时间不够的蔬菜中。预防亚硝酸盐中毒的关键是不吃腐烂变质、存放过久的蔬菜；腌菜不宜太生时就吃。蒸馒头用的温锅水也不能喝（含亚硝酸盐量较多）。

十三、狗咬伤

狗中流行着一种称为"狂犬病"的传染病，得了狂犬病的狗被称为疯狗。另外有些体内带病毒的狗（还有带病毒的猫），表面上没有什么疯狗的表现，但它们和疯狗一样，可以通过咬人将狂犬病毒传染给人，使人发生狂犬病。人患狂犬病后有一种特殊的症状，即怕风和恐水，病人在喝水、见水甚至听到水声时即引起咽喉痉挛和全身抽搐，所以又把狂犬病称为"恐水病"。人感染狂犬病毒而发生狂犬病后几乎没有生还的希望，而正确及时的处理伤口可显著降低狂犬病的发生率，因此，及时处理受伤的伤口就成了治疗的关键。

一旦被狗咬伤后，为慎重起见，不论是不是被疯狗所咬都应立即送医院认真处理伤口，一般先进行扩创，扩创后用大量清水及消毒药水（如1%新洁尔灭、高锰酸钾、双氧等）冲洗，再用40%至70%的酒精和2%～3%的碘酒涂抹伤口。伤口上方3～5厘米处用止血带扎住，但须注意每15～20分钟松解一次以防肢体缺血而坏死。

被狗咬伤后，在及时清理伤口的同时，还应注射人用狂犬疫苗，按注射说明书，自咬伤即日起注射，在第3、7、14、和30天后再各注射一针。

十四、人工呼吸

当外伤及其他各种原因而使呼吸突然停止时，必须立即开始人工呼吸，否则死亡随之而来。

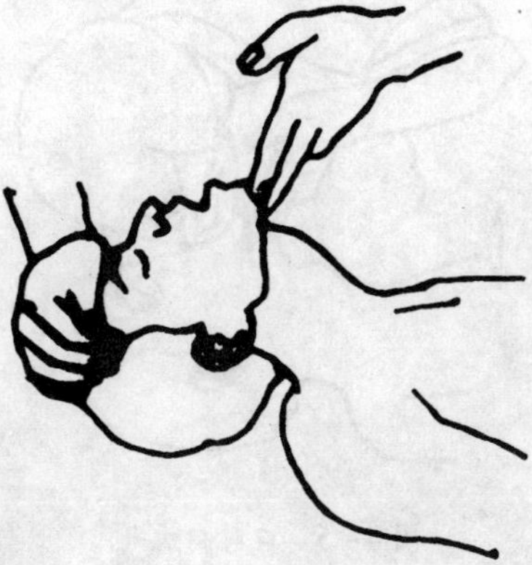

图 4－4　仰头举颏呼吸道通畅法

首先要使被救者气道通畅。具体办法是：置患者于仰卧位，不用枕头，用几个手指托起患者的下巴下方正中的部位（即颏部），使下颏向上抬起，这样，呼吸道就能通畅，有些患者此时就开始自主呼吸。如果患者仍不恢复呼吸运动，就要开始口对口的人工呼吸。

口对口人工呼吸的操作步骤是：抢救者站在或跪在患者头部的一侧。清除口腔内的食物、痰液或假牙，解开领带和腰带。用一手托起患者下巴，并用拇指把下颚打开，另一手的拇指和食指捏紧患者鼻孔。抢救者深吸一口气后紧贴患者双唇，尽力吹一下。立即移去自己的嘴，让患者胸廓自身的弹力将气呼出。每三四秒钟重复一次,对儿童患者可略快一些。对幼儿做人工呼吸时,抢救者的嘴可将其口和鼻都覆盖在内。

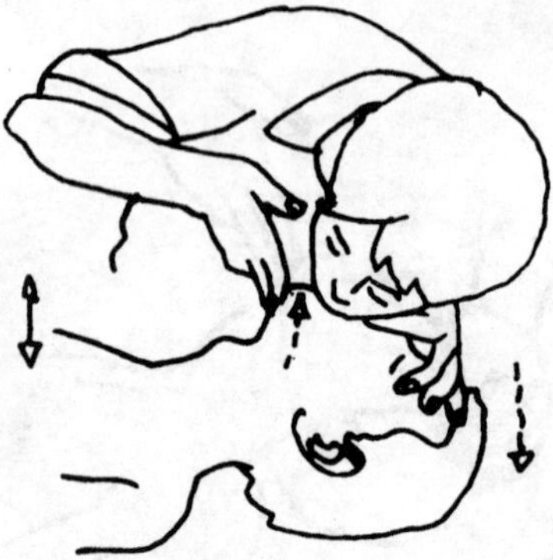

图 4-5 口对口吹气

还有一种人工呼吸的办法是口对鼻进行。一手将下巴上抬,另一手的食指封住患者双唇。抢救者将气吹入患者鼻孔。

要坚持人工呼吸,直到患者恢复自主呼吸或抢救的医生赶到现场。在自主呼吸刚恢复时,人工呼吸还应持续一段时间,呼吸节律应与自主呼吸一致。

第三节 使用电脑、电话与手机时的自我保护

如今,电脑已成为人们工作中必不可少的工具,并逐步进

入家庭;电话与手机也在人们的工作和生活中起着越来越重要的助手作用。但是,如果对电脑、电话与手机使用不当,不讲究科学,就会产生极大的不良影响,甚至危害人们的身体健康。所以,我们应该一分为二地正视这些先进的工具。

下面介绍与青少年自身健康最密切的电脑、电话与手机在使用过程中自我保护方面的知识。

一、电脑

随着电子计算机(电脑)的应用和普及,人类的健康也正面临着一场新的、严峻的挑战。各种各样的"电脑病"——指人们长时间使用电脑所带来的人体的种种不适应也随之而来。例如一些长期在电脑桌前工作的人,有的一见到电脑就会产生厌恶之感,轻的精神疲倦、神情恍惚;重的郁闷不乐、思维迟钝,这种症状被医务工作者称之为"电脑综合症";还有一种新病症称之为"电脑后遗症",指长时间过度操作电脑会使人出现神经方面的障碍,整天沉浸在电脑程序之中,无法回到现实生活中来。

长时间玩电脑的孩子,经常出现情绪急躁,性格自闭,与老师和家长感情淡漠甚至疏远;同时,长时间玩电脑的孩子容易出现头昏、眼花、腿肿、颈椎病等身体不健康的症状。据美国亚利桑那州大学微生物学家 Chuck Gerba 日前发布的一项研究结果表明:"计算机工作站是细菌的温床,计算机工作站的平均细菌数量比厕所的平均细菌数量高 400 倍。"许多人由于长时间注视电脑屏幕上闪烁的图像,以致视线一旦离开屏幕,看人、看字都是模糊不清的。

为防止上述不良症状的出现,青少年应从以下几方面注意:

1. 选择正确、舒适的坐姿进行电脑操作，根据个人身体条件适当调整坐椅，上体不要过分前倾，眼睛不能离屏幕太近，一般距离为 41 ~ 76 厘米较适宜。

2. 最好安装一个滤光器，以保护视力。

3. 注意调节室内光线，可用窗帘或可压低式台灯等调节室内光线。也要注意及时调整电脑屏幕的亮度和清晰度，以减轻眼睛的疲劳。

4. 注意劳逸结合，一般工作 2 小时休息 10 ~ 15 分钟，不要忘记眨眼睛。

5. 充分利用休息时间进行户外锻炼。坚持每天做眼保健操及头、手、肩、腰、腿等部的按摩。

6. 多吃些富含维生素 A、C 和蛋白质的食物。喝茶也有好处，因为茶叶内有人体所需的丰富的微量元素，能有效地抵制荧光屏的辐射作用，增加人体白血球、护眼强心，加快血液循环，增强新陈代谢，有利于健康。

二、电话与手机

1. 要预防电话传播疾病。据英国苏格兰电话公司服务部的一份调查指出，公用电话可以构成多种疾病的传染源。如感冒、咽炎、流脑、眼结膜炎、皮肤病、肺结核等 10 种病菌最最容易在公用电话使用时传播。法国电信部门科学家发现，附在电话听筒上的细菌和病毒，多达 480 多种，送话筒则更多，竟高达 2400 多种。调查表明，每部电话机带菌数从数万个到 10 万个不等，可见电话机是细菌最多的地方，是最容易传播疾病的媒体。

所以，我们打电话一定要注意卫生，不要边打电话，边吃东西，要注意口与话筒的距离，打完电话最好是先洗手，再去做别的事情，尤其不要忙于吃东西，以防病从口入。

2.要科学地使用手机。随着我国人民生活水平和质量的提高，手机越来越成为人们工作和生活中的亲密伙伴，殊不知它也给人们带来了诸多的不利。据瑞典劳工生活研究所1998年初对在工作中每天使用手机的8000名瑞典人和3000名挪威人的跟踪调查报告表明：每天使用手机1小时以上的人经常会出现头痛、面部和头部刺痛、耳部发热、头晕和疲倦乏力等不良症状，其主要致病原因是手机发出的高频电磁辐射。长时间的使用手机不仅会引起烦躁、记忆力减退等中枢神经系统症状，还会引起植物神经功能紊乱及血压升高，心动过缓等心血管系统的症状，因此，不能长时间的使用手机。

第五章　青春期性道德培养

第一节　性健康与青春期性道德

一、什么是性健康

关于性健康的概念，世界卫生组织曾经下了这样的定义："性健康是情感中、理智中和社会中的性的诸方面的集成，是积极地丰富和提高人类的相互交往和爱的方式。"这个定义已为许多国家的性教育实践所确认。

性健康的概念与标准同一般性的健康概念与标准一样，包括生理的、心理的、社会的三个方面。所谓生理的，是指在性生理方面，青少年在正常的青春期发育中性器官的发育和成熟；心理的，是指青少年在青春发育过程中，应具有的正常的性心理，包括对自身性器官、性功能，对异性的认识等；所谓社会性，是指具有符合社会道德规范的、积极向上的对性的正确认识和行为。正确地对待异性，正确对待自己，遵守社会规范对性的制约。性健康的各个方面是相辅相成，相互联系的。

因为人的性既是生物的，又是社会的，因此，性健康要达到的目标要兼顾这两方面的因素。世界著名性教育论著《学校和社会性教育》(达拉斯著)、《性教育》(罗查斯著)中这样定义性健康：①具有良好的性知识，对性心理、性行为、性差、性生活卫生知识等，有较全面的准确的了解，并懂得其科学含义。②对性没有由于恐惧和无知而造成的不正当态度，通常是指对性生活产生憎恨、厌恶或抵触行为。③性行为是符合人道的。④在性的方面能做到自我实现。⑤能负责地做出有关性方面的正常决定。⑥能较好地获得有关性方面的信息交流。显然，上述标准既从个体考虑，又强调了社会因素，即“性”必须受到社会道德规范和法律规范的制约。

青春期的性健康的一个重要环节，就是要通过青春期的性道德培养来实现，通过性教育来实施。处于性发育成熟阶段的青少年对性充满着神秘和幻想，因此更要使青少年懂得性健康的意义，培养树立正确的性观念，讲求性行为、性观念的“道德性”和社会性，懂得对性行为负责，培养一种健康的人格。

二、青春期性角色观念

青春期性角色观念，不仅与青春期性生理、性成熟过程密切相关，而且与青春期的心理发育、道德发展阶段相平行，与社会的、文化的、道德的、伦理的诸种因素相关。青春期情窦初开，不仅有单纯性欲要求的自觉化，它还广泛地影响着青年的价值观、世界观、人生观等。青春期的性角色观念如何，影响到青年的学习、工作、生活、事业、人生诸多方面。帮助引导处于青春期的青年确立正确的青春期性角色观念，对于青年的人格塑造有着重要的意义。因此，有必要进行青春期的性角色观教育。

所谓性角色观念，是指对性角色的认同、看法、态度等，即性角色的价值观。而性角色则是指在社会生活中由于性别不同而造成的角色差异。也就是在性的方面为一定的社会、文化(包括伦理)所期待的一系列人格特征。性角色常常由男女两性的生理、心理特征以及风俗习惯等决定,如在社会分工中,有些活动通常由男人承担,有些活动通常由女人承担,例如拳击手、搬运工、火车司机等工作通常是由男子担任的,而护士、保育员、保姆等工作通常由女子担任。当然,也有例外,特别是随着社会的发展,传统的性角色分工将发生很大的变化。在青少年时期,具备和确立正确的性角色观,对于青春期性健康有着重要意义。

青春期性角色观念的学习、确立及培养,应该包括这样两个方面。

1.性角色行为。这是指青少年具备了哪些社会期待于自己的性别应有的行为、性格和态度特征,即性角色期待的实现程度。在社会生活中,有许多方面都表明了由于性角色不同而造成角色行为和角色期待的不同。例如,“男儿有泪不轻弹”这句古语,因为是男人(性角色),所以不轻易流泪(角色行为),这种行为在一定程度上反映出这一性角色的性格特征。性角色学习,在个体发展初期主要是通过父母强化而进行的。如男孩子应该如何如何,女孩子应该怎样怎样,在个体发育后期开始的性角色行为学习,则逐步过渡到基于本人自身的意愿,带有自发性、能动性的学习,也可说是通过本人选择对象而进行的观察学习,或是基于自己的性角色而进行的认知学习。婴儿落地,性别的区分是从生殖器外貌来判别的。“她”是一个女孩,就按照女性的模式来抚养;“他”是个男孩,就按照男性的性别角色模式来抚养。在长期的生长发育过程中,从衣着打扮到行为举止,父母总是按照男性与女性的常规要求加以诱导和教育,体现了人们所期待的性别角色。在个体发育后期,性角色行为学习,主要是通过本人选择的典型对象而进行的认识学习。在性心理角色方面,已知道了性别角色一些约定俗成的习惯和规则,在心灵上引起强烈的触动,通过性角色的自认和观察模仿及外界对于性角色行为的奖励和期待,自己依照性角色的要求,在实践中实现性角色的定型行为的塑造,并逐渐在心理上形成性角色的行为定型。

因此,青春期性角色行为的发展,总受其内在制约,是更具有能动性和主体性的自我形成过程。

2.性角色的同一性。是指青少年对自身男性特质或女性特质进行的自我评价和认识。这是树立健康的性角色观念很重要的方面。一个人在生物学上的性,和他在心理学上的性别、社会学上的性角色,并不总是一致的。一方面,他的气质和性角色行动表现要符合人们通常的看法;另一方面,是“性别自认”。这两个方面的问题便是属于性别同一性的问题。

首先,一个人的气质和性角色行为表现要符合人们通常的看法,即是“性别的他认”。千百万年以来,随着人类社会的出现,人们对不同的性别有不同的气质要求和角色期待。人们一般认为,男人应该有“阳刚之气”,女人应该有“阴柔之气”,看不惯那种男不男,女不女,阴不阴,阳不阳的作为。这是为什么呢?这涉及到“性度”问题。在性心理学上有个“性度”的概念。性度可分为“男性度”“女性度”两个方面。所谓“男性度”,就是男性特点在某人身上所占的比重;所谓“女性度”就是女性特点在某人身上所占的比重。一个男人,如果男性度很强,即男性特点表现得很明显(但女性特点不可能一点没有),那么,人们就感到他充满了男子气,如果女性特点表现得多了一些,超过了一个范围(这个范围是一种世俗观念,往往以时代、社会、习俗的不同而变化的),人们就认为是“女人气”了。同样,对于女子来说也是如此。

所谓“性度”问题,既有生物学方面的原因,如男女身上都存在着不同比例的雄性激素和雌性激素,这是两种“性度”的生物学基础。但又有社会学方面的原因,而且是一个更为重要的原因。“性度”和生活环境密切相关,还随着年龄、文化程度和工作性质的变化而不同。随着社会发展,体力劳动和脑力劳动的差别日趋减少,社会分工对两性限制的减弱;同时妇女地位的提高,使男女两性的社会职能日趋接近,因此,由历史和社会形成的男女两性在心理品质和其他属性的差异也日益缩小了。所以说,“性度”不是一成不变的,是由历史的发展和和社会环境的影响所形成的。

其次,关于“性别自认”。所谓“性别自认”,就是一个人把自己看成男人还是女人。一般说来,这种自我认定和他在生物学上的性是一致的,这就是“性别同一性”的“同一”。但也有例外,有些人却不一致,这就称为“性别同一性障碍”。这种人,在生理上完全是个正常的男人或正常的女人,但在心理上却认为自己是异性。因此有的人常常陷入苦恼,有的甚至要求作性别改换手术等。产生“性别同一性障碍”的原因很多,除生物学原因外,多与家庭、社会环境有关,因此,在孩子培养教育中,要多加注意,不要使孩子产生“性别同一障碍”。

许多学者对青春期发展研究表明,一个人在异性关系上和性行为上是否获得成功,取决于本人是否具有男性或女性的性角色行为以及把握的程度如何。就是说,性角色同一性规定着异性间的关系和对于性的态度。所以,青春期性健康中的一个重要方面,就是要确立正确的性角色观念。

三、性关系的道德内涵

如何认识两性关系中的道德意义,性关系的道德内涵是什么,这是性健康的重要内容。

1.两性关系是判断人类文明的重要尺度。

人与人之间,特别是两性之间的感情关系,是从有人类以来就存在的。但是如何认识两性关系的本质及其内涵,并不是一开始就有的。只是到了近代,特别是马克思主义学说创立之后,才对此问题有了科学的认识。马克思在《1844年经济学哲学手稿》中,提出了一个著名论断:根据男女两性关系可以判断出人的整个文明程度。他说:"人和人之间直接的、自然的、必然关系是男女之间的关系……从这种关系就可以判断人的整个教养程度。"从人类两性关系发展曾经历的三种主要婚姻形式,就可以明白马克思的这个论断。人类两性关系发展曾经历的三种婚姻形式,大体上都是与人类发展的阶段相适应,与人类当时的文明程度,那个时代人的教养相一致的。如:与蒙昧时代相适应的是群婚制,与野蛮时代相适应的是对偶婚,与文明时代相适应的是一夫一妻制。总观社会历史的发展,人类的两性关系有一个从低级阶段向高级阶段发展的进程,当然人类文明程度也在不断地提高。

人是社会性的生物,作为有性别特征的人,是有智力的、有意识的、有感情的,踞于其他一切生物之上。他能根据一定的道德原则来权衡并且调节自己行动,从而使复杂的性关系具有高尚的精神。他能够调节自己的"动物需要",从而使它具有人性。正因为如此,人类两性关系的发展,客观地反映了文明史的一个方面。

2.婚姻家庭的社会本质。

婚姻家庭不是孤立的个体,具有深厚的社会性,是社会的范畴。换句话说,婚姻家庭关系不是自然关系,而是具有一定自然条件的、特定的、复杂的社会关系。具体地说,婚姻是男女两性结合的一种社会形式,其结果形成了当时社会制度所确认的夫妻关系;家庭是存在于夫妻及其子女后代之间的一种社会生活的共同体。婚姻是男女两性间的一种社会关系;家庭既体现着这种以两性为特征的社会关系,又体现另一种以血缘为特征的社会关系。婚姻是产生家庭的前提,家庭是缔结婚姻的结果,二者密不可分,组成了社会关系的特定形式。

所以说婚姻家庭关系具有社会性,这是由于人类只有通过生产劳动不断创造物质生活资料,并通过两性结合不断再生产出人类自身,才使人类得以生存发展,是人类从事其他一切社会活动的先决条件,因而也是全部社会生活的真正起点。一切社会关系都是在两种生产的基础上形成和发展起来的,并归根结底为两种生产服务;而两种生产也都是在一定社会关系中进行,受一定社会关系的制约。

3.一夫一妻制的道德进步。

一夫一妻制在一切家庭形式中是现代性爱能在其中发展起来的唯一形式,是野蛮时代的中级阶段和高级阶段交替时期从对偶家庭中产生的;它的最后胜利是文明时代开始的标志之一。虽然这种婚姻制度是随着私有制和阶级的产生,为了维系父系继承制而产生的,但是在一夫一妻制发展过程中,这种比较稳定的婚姻形式,为性爱的产生和巩固提供了基础。在消灭了生产资料私有制,建立起社会主义的生产资料公有制之后,为真实而广泛地实现以爱情为基础的一夫一妻制创造了条件。

以上谈了性关系中的道德内涵所包括的三个方面内容，那么，在我们当前社会生活中，两性关系和性行为道德评价标准是什么呢?

一是符合“自愿”和“无伤”的原则。“自愿”，是指双方自愿，特别主要是指女方自愿。“无伤”不仅是指要讲究性卫生，使性交无损于自身的身心健康，更重要的是从人类性行为的社会性出发，要无伤于他人幸福，无伤于后代的健康成长，无伤于社会的发展。

二是性交关系必须建立在相爱而缔结婚姻的基础上。恩格斯认为，评价性交关系不仅要考虑婚姻关系，还要考虑爱情因素，二者不可偏缺。

第二节　友谊与爱情中的性道德

性道德存在于友谊与爱情之中，因其内涵、特征不同，其道德标准、要求也就不同。

一、异性间的友谊

谈到异性间的友谊，首先涉及到的便是异性间有没有不带情爱或性欲的纯粹友谊?它长期地困扰着人们，即使不是数千年，也至少已有几百年了。随着社会的发展，文明开放程度的提高，男女交往的机会越来越多，男女交往的现象也是司空见惯、极普遍、很正常的事了。因此也就更有必要正确认识和对待异性间的友谊，不仅有理论意义，而且更具有现实意义。

首先应承认异性间存在着超越爱情的友谊。认为异性之间只有爱情、没有友谊的观点是错误的。男女不论在工作、学习和生活等诸多方面,必定会发生一定的联系即关系,这就产生了交往,在现代社会中男女的交往有着越来越多的机会。通过交往,相互了解是可以搭起友谊之桥的。从某种意义上说,友谊与爱情相比更宽泛、更普遍。那种对异性之间一接触,就大惊小怪,说什么"恋"上了,说什么"乱爱"了,这是男女授受不亲的封建思想的反映,是友谊发展的障碍。

同时,应该认识到,异性间的友谊毕竟与同性间的友谊有所不同。因此,在异性交往中要掌握分寸,使友谊健康发展。

从一般意义上讲,异性友谊与同性友谊一样,并没有性质和内容上的特殊区别。异性间友谊的特殊性在于,当事人必须在交往中贯彻下面四条原则:

1.注重道德。异性间交往,尤其是相同年龄段的异性交往,具有一定的敏感性。这是异性间友谊的特殊性。因此,必须有一定的道德准则作指导。要珍视友谊,相互尊重,坦荡如清泉之水。男子要无杂念,戒越轨;女子要自重,戒轻浮。既然友谊与爱情表达方式不同,因此异性朋友之间,不能过于亲昵。掌握好分寸,才能使友谊健康发展。

2.正确处理爱情与友谊的关系。年轻的未婚男女,在交往中产生友谊,并从友谊发展到爱情,这是可以理解,也是很平常的事。但是,切忌把对方热情态度误以为爱上了自己,把友谊误解为爱慕。因误解而产生的盲目言行,不仅得不到爱情,还会损害了友谊。已婚男女之间,未婚与已婚者之间交朋友,更要十分注意,只应该发生正常的交往,不能有越轨行为,发展友谊,不能发展爱情。越过友谊界限的行为,便使友谊进入了误区,不仅使友谊丧失,还会造成多方的伤害和悲剧。

3.爱情熄灭,友谊长存。这是异性间友谊的又一个方面。既然友谊与爱情不同,在现实生活中,由于种种原因,一些单方的爱恋不能得到回应或实现,一些恋人分手,一些夫妻离异,但绝不能不是恋人就如同路人或仇人,不是夫妻就是仇敌。爱情虽然消失了,不等于友谊也不存在了。应该继续保持朋友关系,这是爱情向友谊转化。爱情虽去,友谊长存,这是异性间友谊的一个崭新境界,是现代文明的表现。

4.在建立和发展异性间友谊时,要尊重对方。特别是男子要树立尊重女性的观念,讲究尊重女性的礼节即女士优先的社会法则。这条社会法则同样应实行于异性交往的领域,能否遵守这一法则,是有无性道德的表现。在我国,由于千百年来男尊女卑的旧观念影响较深,人们对此还不习惯,缺乏足够的认识。所以,有必要首先从思想观念上解决尊重女性的问题。

异性间的友谊问题,对于青春期的男女来说更是一个敏感、热点问题,正确认识异性间的友谊,有益于青春期的性健康,因此是青春期性道德培养的重要方面。

二、爱情道德

爱情同婚姻和家庭道德一样,是在一定的社会历史条件下产生和发展的,以自有的特殊内容和形式,深刻地影响着个人的道德意识和道德行为。在社会主义社会,爱情道德是社会主义道德的表现,又是性健康的一个重要组织部分。

1.爱情及其道德内涵和特征。

依据马克思主义经典著作关于爱情方面的基本思想和实践,可以对爱情作以这样的概括:所谓爱情,就是一对男女基于一定的社会关系和共同的生活理想,在各自内心形成了对对方的最真挚的倾慕,并渴望对方成为自己终生伴侣的最强烈的感情。

爱情的道德内涵的特征有如下五个方面:

(1)爱情包含着性欲的因素,但并不归结为性欲;它是经过社会文明净化的美好感情。把“爱情”归结为性欲,认为异性不但是性欲的对象,而且是它的原因的观点是不科学的。在社会发展的过程中,爱情已远远不能等同于本能的性引诱。人类不仅仅具有自然属性,即人们发育到性成熟的时候,会产生对异性的要求,并依赖这种本能繁殖后代,延续种族的人的自然属性。而且更具有社会属性,它把人和动物区分开。人对异性的要求不是简单地以自然方式,单纯的肉体满足,而是以复杂的社会方式进行,追求那种精神上的和谐与吸引。人以恋爱的形式使性欲人格化了。那种只把异性当作性欲的对象,而不是当作爱情对象的行为,只能说是一种兽性。因此说,爱情不仅包括自然属性的内容,而且主要包括社会属性,使之发展成有理性的人类感情。

(2)爱情是一种高级的心理现象,是一种复杂、圣洁、崇高的感情交流。具有排他性、热烈性、持久性等心理特点。爱情是排他的,即是要求恋爱者爱恋对象的专一性,爱情存在于一对异性中而排斥其他任何人。同时,爱情是热烈的,它一经形成后,就渴望与所爱的对象结成终生伴侣,并努力把个人生活纳入爱情的领域,使之在与爱情的结合中获得的价值。爱情又是持久的。一般说来,热恋双方的心理趋向,总是要求把彼此间的爱情巩固地发展下去,而且在实际生活中,真正的爱情是能够经受时间的考验和种种艰难困苦的磨炼,从一定意义上显示其“永恒”性。

(3)爱情是高尚的道德感情。爱情中蕴含着对对方强烈的义务感,这是爱情的道德性最突出的表现。尽管在爱情的实践方面,不是每个人所选定的情侣都是最好的,但是,由于爱情包含着对理想的真诚渴望和憧憬,人们在恋爱的过程中,几乎都会为自己及所爱的对象的高尚情操而奋斗,并去关心、凝注所爱的对象,为之幸福而努力,并立志使双方并肩前进。这种积极努力,以其强烈的义务感、责任感充实着两个人之间的关系,培养和锤炼相互的亲密感,并激起他们更大的创造生活热情,激励他们不断前进、完善,激发他们表现出自己性格中所蕴藏的美好善良的品质。总而言之,爱情这种非常高尚的道德感情,它使人上升到新的道德高度,使人更强烈地意识到生活的美好和责任感以及人生的价值。

(4)爱情具有丰富的社会内容。爱情作为男女之间一种特殊的社会感情,不同于一般的感情和其他的社会感情。但是,由于产生爱情的双方都在一定的社会生活中,处于特定的社会关系中,因此,爱情的内涵以及追求爱情的方式,又必然要受到社会、受到各种社会关系及生活方式、价值取向、社会思潮的制约,具有所处时代、所处社会的特点。一个社会、一个时代居于"导向"地位的爱情观,是这个社会的政治、经济、文化等方面的综合反映,受制于这个社会的道德伦理观念。这就使得看起来仅仅是一对情侣之间的私人感情,却蕴含着丰富的社会内容。

(5)爱情在两性关系中具有巨大的能动性,对两性关系发挥巨大的道德影响。其表现在:婚前,爱情促使双方强烈要求缔结婚姻,结成终生伴侣;婚后,爱情不断调节夫妻双方的关系,在严峻的生活考验面前,它甚至可以转化为物质力量,成为巩固婚姻、发展幸福的家庭的基本道德保证。所以人们常说,家庭是由夫妻、子女之间的感情纽带联系在一起的,因而家庭幸福不仅表现在物质生活上,更重要的是体现在以爱情为标志的精神生活上。从伦理学的理论高度认识,可以说,爱情是婚姻家庭这个道德调节的具体的基本范畴。爱情范畴作为人们认识两性之间的道德关系的一个重要阶段,是能够帮助人们认识和掌握两性之间的道德关系的极其重要的"纽结"。马克思主义伦理学的爱情范畴,作为社会主义道德原则和规范的体现,同时又具有自己的特殊内容和形式,形成社会主义道德发展的具体类型和特殊方向,并从恋爱、婚姻和家庭生活方面深刻地影响着每个人的道德意识和道德行为。

2.恋爱中的道德。

美好的爱情要经历一个萌芽、开花和结果的过程。男女双方培育爱情的这个过程,就称之为恋爱。

(1)为什么在恋爱中存在着道德问题。

其基本根据就在于恋爱具有社会性,并产生对社会的责任。

①恋爱的基础往往影响当事人双方的人格再造。一般地说,如果恋爱是建立在共同的崇高生活理想基础之上,它往往会给当事人双方带来生活的快乐和生活的力量,带来积极上进的健全精神,能使双方在共同生活中取长补短,相互影响,从而使每一个人的人格更加完善崇高。

②恋爱对社会产生着调动或抑制人们历史主动性的责任。一般地说,如果恋爱生活是健康的、合宜的、严肃的,那么它不仅能使青年男女在忠实履行爱情所包含的义务中,培养对他人和社会履行义务的责任感,而且能直接激励他们克服

重重困难，去执行应尽的社会义务。

③恋爱对社会的责任，还表现在它深刻地影响着当事人的婚姻关系和家庭生活。一般说来，恋爱都是以结婚为目标的，因而，它的基础怎样，发展是不是健康，直接影响到婚姻生活。夫妇一生在道德上的纯洁，取决于男女的婚前关系性质，取决于这种关系中道德情操的因素占何等重要位置。那种在爱情方面所谓的“经验多”、“阅历深”是十分有害的事。情侣在婚前的品德关系越纯洁高尚，未来的丈夫(妻子)的道德义务感会越强烈。纯洁的爱情使人健康成长；轻浮的爱情，“游戏”式的爱情使人堕落。

综上可见，正是由于恋爱中涉及了复杂的社会关系，从而形成了恋爱中的道德。

(2)恋爱道德的基本要求。

①注重对方的品德、情操和志同道合。要摆脱“门户相对”“父母之命”“郎才女貌”“钱权为本”及其他偏见和误区，着重于对方有无良好的品德和情操，双方有没有共同志向、理想和追求。这不仅是维持恋爱关系自主性的重要前提，而且也是恋爱关系道德性的显著标志。当然，在具体选择情侣时，也不可避免地要考虑到一些其他条件和因素，比如性格、爱好、相貌、职业乃至必要的经济状况等，但一般地说应当把品德、情操和志同道合放在首位。

②尊重双方情感，平等履行义务。青年男女应当真诚，不以谎言和不正当行为获得对方的感情。在建立和发展爱情关系的过程中，男女双方应处于平等地位。爱情关系的建立、发展必须出于当事人双方的意愿，任何一方都不能强迫或诱骗另一方接受自己的爱。即使自己的爱慕是纯洁的，也不能强

迫或诱骗另一方接受自己的爱。任何一方也不要因任何原因违心地去勉强爱一个自己并不爱的人。否则,都是不道德的。男女双方一旦确定爱情关系,就要共同承担这一关系所包含的各种义务,以及随着这一关系的发展而必然产生的其他义务。在对待义务问题上,不能只是单方,只要求另一方践行义务,而自己一方则不践行相应的义务。这些要求的实现,是爱情关系得以巩固和发展的重要道德基础。

③高尚的情趣和健康的交往。爱情关系确定后,两人无疑要通过较多的交际往来加深了解,增进感情,但是,在交际交往中,必须具有高尚的情趣和健康的方式。只有这样的爱情生活,才能使人从中发现新的引人入胜的东西,使一个人成为真正意义上的人。应当说,青年人的最幸福的时刻,是他们有着纯洁、理想的爱情时期。如果两个有着同样高尚的荣誉感和自尊心的青年相亲相爱,他们在恋爱中不会逾越性行为的界限。这并不是说他们没有这样的要求,但他们更注重精神上、心灵上的结合,并从中获得愉悦和幸福。

(3)恋爱中背离道德的倾向。

一种倾向是片面强调"恋爱自由",把朝秦暮楚、飘忽不定、玩弄异性,甚至乱搞两性关系等等,统统美其名曰:"恋爱自由"。有些人鼓吹个人爱情可以无视社会和他人利益,谁若不同意他们的做法,谁就是"怒目相向的卫道士。"因此,应当揭露这种所谓"恋爱自由"的虚伪性。

另一种倾向是损害恋爱者的正当权益。正当的恋爱,是青年以及所有独身者(包括丧偶、离异者)应有的权利,应当受到保护和支持。然而,在现实生活中,根深蒂固的封建道德仍对恋爱施以不容忽视的影响。如指定恋爱对象,或是要求恋爱者从一而终，这些都是损害了恋爱者的正当权益。我们知道，从整个人生的征途来看，恋爱只是婚姻家庭生活的前导阶段。男女双方在恋爱中都掌握着各自选择爱人的权利，即对赖以建立爱情以及进一步结成终生伴侣的各种因素——政治观点、文化修养以及必要的经济基础等等，作审慎的了解。道德对恋爱双方的要求，主要是严肃和诚恳，只有在建立起真正爱情和结婚之后，才进一步要求专一和忠贞。因此，从一定意义上讲，恋爱的过程，是选择、了解的过程，恋爱的一方如果经过严肃认真地考虑，感到对方不合适，可以（确切地讲是应该）中断恋爱关系，进行新的选择。这样做不是不道德的行为。

第三节 抵制不良性道德观念的影响

在性道德领域内，不良性道德观念严重地影响着毒害着青少年的性健康，抵制和消除性道德中的不良观念，是青少年性健康，青春期性道德培养与形成的重要方面。

一、性解放思想

应该注意到，在一些青少年中把一些恋爱婚姻及性问题上的不严肃、随便与放纵，视为"性解放"，甚至把"性解放"看成是乱搞两性关系的代名词。其实，"性解放"作为一种社会思潮出现在西方，其实并不是如此简单，因此有必要了解一下"性解放"究竟是怎么一回事。

从历史上看，"性解放"思潮萌芽于文艺复兴时期。当时的人文主义者针对当时的禁欲主义，提出人的自然欲望不是什么需要加以抑制的罪恶，而是应该予以满足的正当要求；男女之间的爱情也不是需要加以隐讳的丑事，而是值得歌颂的人生最高贵的感情。“性解放”作为一种思潮在当时具有反宗教禁欲主义的进步意义，同时蕴含了资产阶级享乐主义的消极因素和极端个人主义。

到了近代19世纪末和20世纪初，“性解放”思潮形成了系统的理论，它主张人们的性行为有绝对的自由，两性之间不受任何约束，男女无论在婚前和婚后，性生活都应当自由；认为凭着个人的自发调节就能够维持两性关系方面的平衡。这一理论，在破除封建性道德、性封锁观念方面，起到了一定作用，但在理论上是违反科学的。从60年代初期到70年代中期，“性解放”思潮以惊人的速度和声势席卷西方世界。60年代中期，“性解放”在美国的发展，就是以放荡、吸毒和蔑视传统价值为中心的所谓新文化表现。

结果，西方世界在经历了“性解放”之后，又响起了反对“性解放”的呼声，沉溺于性放纵的狂想已经普遍消退。许多热衷于“性解放”的人，有的受到伤害，有的已感到厌烦，感到“性解放”并不能给人以幸福、欢乐。80年代初期，不少抛弃配偶、家庭、在外搞婚外同居、肆意寻欢作乐的人，又提出了“回到家里去”的口号，他们开始重新求婚，追求真正的爱情。许多人甚至再次发现传统的忠贞不渝、责任感和严肃婚姻的真正价值。有些人开始提出与“性解放”相反的道德观念。例如，1985年的“美国小姐”莎莉恩在竞选演说中直言不讳地表示对婚前性行为深恶痛绝，声称反对“性解放”。她就用这种道德观念来竞选美国小姐，说明了这种观念是代表了许多人的愿望。

“性解放”思潮鲜明地打着资本主义的烙印，尽管反对封建思想的“性解放”的内容有它的合理性，如破除性的神秘感，普及性知识,重视夫妻性生活的调适等。但由于这些问题在资本主义条件下往往采取歪曲的形式,而走向极端,成为一种性放纵和个人享乐至上,因而对社会是十分有害的,特别是危害着青少年的身心健康,应予以坚决反对和抵制。

我们知道,人的两性行为,决不仅是人们性本能的发泄、性需要的满足,而更主要的是一种社会性的行为,因为它密切地关系到当事人的幸福,关系到下一代的健康,关系到社会的道德伦理。因此对于"性解放"的消极作用要有正确的认识。

二、婚前性行为

婚前性行为,主要是指未婚男女在恋爱期间发生的性交行为。一般说来,婚前性行为的特点是双方自愿进行,不存在暴力逼迫现象,但没有法律保证,不存在夫妻之间应有的义务和责任;会产生一系列的纠纷和严重后果。因此,这种行为是被社会舆论所反对,这是一种性罪错。婚前性行为作为一种社会现象,在世界范围,包括中国颇为普遍的存在,近年来发生率又呈上升趋势。

本来,两性结合要经过恋爱和结婚两个阶段。恋爱应该是精神方面的交往,如发展感情、相互了解,而结婚以后,才有建立在爱情基础上的结合,这才是合法的,也是合乎道德的。但是有些青年却把这个阶段混淆了,其原因主要有:在恋爱阶段有过早的、过分的亲昵,从而引起了强烈的性冲动。在性冲动下,做出了不计后果的事来;盲目地向西方学习,错误地认为"现代的恋爱方式"就是动辄发生性关系;有的男青年在恋爱中怕女方变心,于是就想通过发生性关系拴住女方,使她"跑不了",而女方在男方甜言蜜语哄骗下答应了男方。也有个别女青年在恋爱时期感到自己条件不如男方,怕男方变心,因而主动和男方发生性关系,企图以此拴住男方;也有的因为男女双方都不到最低婚龄或尚不具备结婚条件而不能登记结婚,于是就发生婚前性行为。

原因很多,进而言之,诱发婚前性行为的因子,既有生理和心理因素,也有伦理和价值观方面的。无论出自哪种原因,都会导致严重的后果。

1.损害身心健康。性交直接的后果是怀孕、生育。由于婚前性关系不是合法的关系,这会给有关者带来极大的痛苦和生活上的很大困难。如果女方进行流产,会影响工作、学习、身体健康。

2.造成当事人的犯罪感和被唾弃。无论是西方文化和社会还是东方乃至中国的文化和社会,都不齿于婚前性行为,那些发生婚前性行为的人会在心理上产生不同程度的犯罪感,同时还会被他人不齿和反对。

3.破坏了正常的恋爱关系。有的青年认为发生了性关系能使双方的恋爱关系更为巩固,这是错误的。即使在发生性关系时双方是真心相爱的,但人的心理是会起变化的。这种变化可能表现在四个方面:①本来以为两性关系很神秘,偷吃了“禁果”尝到了滋味,感到不过如此,没意思。②常常有许多女性与男性发生性关系后,觉得自己已是他的人了,“非他莫属”了,于是对男方十分迁就。有的男性也以此为“把柄”制约女性,或者觉得女方失去了过去的光彩,最后可能导致感情破裂。③这种婚前性行为往往是由于一时冲动而发生的,考虑不成熟,对对方了解也不成熟。发生了性关系后,很可能又发现了对方的严重缺点,这时进退两难。有些青年由于“木已成舟”,只能勉强结婚,这种婚姻关系是不可能幸福的。④有的人,尤其是一些男子反会对妻子品德作风进行类推,发生怀疑:你那么轻易地委身于我,会不会同他人也是这样?而造成夫妻间的猜疑和不信任,使婚姻关系蒙上阴影。

4.婚前性行为常常是单纯强调性吸引关系,亵渎了婚姻的神圣性。当两人在对方心目中仅仅是性行为的对象时,必然会造成相互失敬。而且,婚前的性行为,容易造成性放纵,很难保证,与你发生性行为的一方,一定会成为婚姻伴侣。

对于婚前性行为,即使是在当代西方社会许多人也是持否定和批评态度的,在中国更是为社会主义的道德所反对的。

第四节　青少年女性的性保护

一、增强性保护意识

我国社会主义制度给青少年提供了文明、健康、积极向上的环境,但是,在新形势下,社会生活仍有阴暗角落和丑恶现象存在,其中性骚扰(也可称性侵犯)就是一个具体反映,它有悖于社会主义精神文明建设,对青少年,特别是女青少年的身心健康带来损害。

性骚扰是一个舶来词,进入我国的时间不算长。什么叫性骚扰呢?它是指以性的信息、语言、姿势、动作等,对异性在心理或肌体上实施的非礼性行为,是一种不受欢迎的性要求或举动。例如,在言语上的性骚扰,包括对异性品头评足;使用性挑逗性言语;讲淫秽笑话;打色情电话;向对方提出性要求等。又如,在行动上的性骚扰,包括身体的直接接触(如身体被不必要的触摸、摩擦,在对方不愿意的情况下强行拥抱或亲吻)和非身体的接触(如露体、展示色情图片、刊物、录音带、录像带等)两个方面。

性骚扰在青少年中并不少见。1989年北医大曾对北京市某区四所中学学生进行性侵犯问题调查,结果发现性侵犯的总发生率为14%,其中男生占2.4%,女性占11.6%。可见,女生受性分割的情况远较男生严重。陕西省某地区农村8000余名女青少年性骚扰问题的调查揭示,农村地区性骚扰的发生率15~17岁为16.58%,21~23岁为67.28%,24~25岁为98.5%,说明在农村女青少年中,性骚扰的发生率相当高,且有随年龄的增长,发生率增高的态势。

为什么性骚扰现象发生如此普遍?据调查分析,原因是多方面的。如农村女青少年受社会经济的制约,女性择业的选取,多集中在餐饮、娱乐、商旅业、保姆、体力工人等行业,一些有钱有权不安分守己的男性,以性骚扰作为引诱青少年女性获得工作、增加工资等条件;部分女青少年则由于受经济制约、居住环境简陋、缺少沐浴、就寝、入厕等基本生活空间,导致男性对女性非性意识的骚扰机会增多。又如,社会对尊重女性的观念淡漠,不把性骚扰尤其是未构成犯罪程度的性骚扰当成一回事,这种落后的观念也淡化了女性对性骚扰危害的认识以及自我防范的意识。有的女青少年受传统观念的束缚,在遭受性骚扰后采取沉默的态度,以免个人名誉受损,这更给某些品行不端者甚至不法之徒以可乘之机,对自身的生活产生更消极的影响。由此可见,加强对女青少年,尤其是处于青春发育阶段,涉世不深的少女进行性的自我防范教育,提高自我保护的意识,增强自我保护的能力是十分重要和迫切的。

如何增强女青少年性的自我保护意识呢?

首先,要增强女性意识。1995年第四次世界妇女大会把性骚扰作为妇女生存状况的一个议题,表明过去对性骚扰仅从道德方面考虑是不够的。应该有女性意识,即意识到性骚扰也是歧视妇女,侵犯妇女权利和人格尊严的反映,妇女不应再受传统观念的影响,对性骚扰保持沉默,而应该借助法律的武器来保护自身的权益。

其次,女青少年要自尊、自重、自爱。

青春期的青少年由于兴奋和抑制的神经过程很不平衡,兴奋过程大于抑制过程。这一时期情感强烈、敏感,易于冲动。少数女青年,从对异性的倾心爱慕发展到盲目追求,交异性朋友草率,不考虑自己行为的结局和后果,如少女怀孕等。针对这种特点,女青少年一定要建立起自尊、自重、自爱的信念。所谓自尊,就是尊重自己的尊严,在任何情况下不能丢掉自己的人格,做到在生活中不为私利和私欲而向别人卑躬屈膝,放弃原则,同时也不容许别人歧视和侮辱自己。所谓自重,就是处理问题应该慎重仔细,不随波逐流。对自己的言行举止,要有分寸,不轻浮、不轻信。所谓自爱,就是要珍惜自己生命的价值,不断丰富自己、充实自己,珍惜青春,奋发向上,做对社会有用的人。总之,女青少年一定要自觉树立正确的人生观、伦理观、荣辱感,只有这样才能培养强烈的自我保护意识,做到有学者提出的“五要”,即:要举止端庄得体;要理智谢绝异性爱慕和追求;要拒绝任何金钱物质引诱;要识别抵制异性的挑逗;要分辨学生适宜和不适宜的场所。

再有,要有爱憎分明的态度和敢于斗争的勇气。有调查研究发现,2/3的受性骚扰者,在事发时没有明确的态度,她们有的既缺乏敏锐的观察和判断问题是非性质的能力,又缺乏疾恶如仇,向坏人坏事做斗争的勇气,这些都使骚扰者有恃无恐,从而进一步加剧骚扰行为。由此看来,社会、学校和家庭应进一步加强对女青少年的教育,一方面教育她们提高警惕,清醒认识现实生活决非孩子们的童话世界,一切都那么美好;另一方面,又要鼓励女青少年主动接触社会,学习交往,谨慎对待周围的人和事,在实践中提高识别是非的能力,增强自我保护意识。要大力提倡向坏人坏事做斗争的精神,提倡舍己救人的奉献精神,既勇于保护自己,也勇于进行对青少年群体的相应保护。

二、性保护常识与正当防卫措施

性骚扰可以严重损害青少年的身心健康,特别是女青少年的健康,因此在增强性保护意识的基础上,还有必要学习性保护常识和灵活的自卫方式,掌握如何利用环境保护自己;借用他人的力量保护自己,以及在孤军奋战时如何应用防护的策略,选择机智的应变手段。

以下根据中学生可能遇到的性骚扰及其避免或减少性骚扰危险的办法,作一具体的建议:

1.遇到坏人一定要冷静沉着,如能随机应变,以智取胜,使自己脱离险境是最好的。如果已经遭到暴力胁迫,便应机智地把罪犯引到人多的地方去,在适当的时机大声呼救并勇敢地进行斗争。当遇到反抗和大声喊叫时,坏人因为心虚,常常就自行逃跑。

2.不要一个人或少数几个女伴招手搭便车,不管是汽车还是摩托车,都是不安全的。

3.不要去歌舞厅、酒吧间;若不是随同家长一起,也不要去宾馆、旅店。

4.晚上不要一个人出门,更不可到人少的地方去。

5.如果和家里人发生矛盾,闹别扭,应积极设法解决,如请求老师、亲戚朋友帮助调解,虚心检查自己的过错等,而切不可赌气离家出走。离家出走的少女极易落入坏人之手。

6.衣着不要太裸露,穿着袒胸的上衣或超短裙,容易招致坏人的侵袭。

7.不要贪图小便宜,既要警惕陌生人的花言巧语和赠送的钱财,也要对熟人过于殷勤的好心和热情有所防范。要懂得会欺侮你的不只是陌生人,也可能是熟人、亲属。

8.在生疏的地方问路时,不要独自跟着愿意带路的人走。

9.不要和在性行为上不检点的异性结识和来往,更不能和有过性罪错的异性来往。

10.应该记住在没有病人家属或女护士在场的情况下,男医生最好不对女病人的下身进行检查或治疗。

11.到男老师家去复习功课、学琴、学画时,要尊重老师,不应对老师有过分亲昵的举动和言谈,同时也要警惕老师中可能有个别品行不端的人,如发现老师有轻浮的言语、举止时,不能吃喝老师的饮料和食物,并应立即找理由离开,回家告知家长,以后也不要再去。如老师强行非礼,应不受威逼利诱,要大声喊叫,反抗挣扎,并设法逃跑。不论反抗是否成功,事后一定要立即告诉父母。胆小怕事和忍气吞声会再次使你受到凌辱。

12.如果男性亲戚对你有不良企图时,不能接受利诱也不能屈服,要勇敢地反抗挣脱,并告诉母亲或祖父母。如果她们不加理会,可以到公安局、法院去控告。

13.在公共汽车、电影院等公共场所,如受到坏人引诱或威逼，让你跟他一个人或几个人走时，要奋力跑向人多的地方大声呼救。最好是跑向警察和军人，以寻求保护。

14.如果自己做过了什么错事，不要让人作为把柄，胁迫你听从他的摆布。

15.要是你发现某个男性言语、举止轻浮，或有不良企图的可能时，不要独自到只有他一个人的办公室或宿舍去，即使邀请你也不要去，更不可接受他的礼物或吃他的食物、饮料。

16.不要和男同学或男性邻居一起谈有关性的话题，更不能互相动手动脚，打打闹闹。

17.不要在同学家过夜，哪怕是在女同学家。不要一个人去没有女性家长的男同学家，也不能在没有女性的亲戚家过夜。

18.在路上遇到陌生的或面熟的男性提出和你交朋友的要求时，要义正词严地拒绝。如果还纠缠不清，要立即告知家长和老师。

19.遇到自己认为英俊潇洒的男性时，不要轻易动感情，更不能主动搭讪，因为你还不成熟，你并不清楚他是什么人。

20.不看黄色手抄本或淫秽色情的书刊、画报，不看黄色录像。

21.不要早恋，更不要与校外男青年约会。

22.不要单独和年龄相仿的男性在一起，因为同样可能受到侵害。

第六章　消费活动与身心健康

第一节　消费与健康

一、消费与健康的关系

在社会生活中，每个人都是消费者。那么，什么叫“消费”呢？

人为了生存，为了健康，为了安全，为了发展，为了美观等会有各种各样的需要，如吃饭、穿衣、住房、乘车、旅游、读书、看报、听广播、看电视、看病等等。人为了满足各种需要就得花钱创造满足需要的条件。这个活动过程就叫消费。

从消费的对象来看，消费可以分为两类，一类是商品性消费，一类是劳务性消费。凡是为了满足需要在市场上购买各种物质商品都是商品性消费，像购买衣服、食品、文具、药品、家具、书刊等。劳务性消费是指为了满足某种需要花钱让他人付出劳动提供服务，比如我们去理发、去接受针灸治疗，所花的钱主要是劳务报酬而不是商品。有的家庭雇用保姆，或给孩子请家庭教师，这些都属于劳务性消费。因此，人们的消费支出也就分成了商品性支出和非商品性支出。

从消费的目的来看，消费还可以分为生存性消费、享受性消费和发展性消费。衣食等基本生活必需品的消费是生存性消费,而时装、高档电器(如空调、高级音响)、美容、风景地避暑等消费则是享受性消费,学生购买学习用的书刊、音像制品,购买家用电脑(如学习机)等消费就属于发展性消费。当然,不同性质的消费并不截然分开,只是看消费的主要目的是什么。

在校读书的学生处在人生发展、逐渐成熟的重要阶段,每天都有消费行为,为了健康成长,也为了将来能过正常、合理的消费生活,应该对消费有关的基本问题,特别是对消费与健康的关系问题有正确的认识,并以此指导自己的消费行为。

我们已经知道,人的健康有三方面的含义:一是生理健康,即通常说的身体健康;二是心理健康;三是社会适应能力强。人的消费行为与上述各健康因素关系都非常密切。

1.消费与生理健康。

人们都有这样的经验教训,由于吃了过多的冷食或者吃了不干净的蔬菜、瓜果而造成腹痛、腹泻,甚至拉痢疾;或由于饮食无度而造成消化系统的各种疾病。有的女同学,为了减肥,乱买乱用减肥药品或用具,少吃饭甚至经常不吃饭,结果得了“厌食症”或其他病。实际上不仅饮食等方面消费与生理健康直接相关,其他许多方面的消费也与生理健康有关系。如书桌、床铺的选择与使用、看电视、玩游戏机、外出旅游等,如果有不正确、不合理的因素,时间长了同样会影响生理健康。

2.消费与心理健康。

任何消费活动都伴随着一定的心理活动,而且在进入实质性消费之前,心理过程就已经开始了。比如,一个同学的运动鞋穿坏了,想买一双新的,由此就产生了购买新运动鞋的动机,于是就向家长要钱,并到市场上去了解运动鞋的质量、外观样式和价格的情况,最后选择了一双自己认为合适的运动鞋。穿上新鞋后必然左看看右看看,还要走一走,跳一跳,看是否随心。在以后穿这双运动鞋的过程中,还可能跟以往穿过的鞋或别人穿的鞋进行比较,评价这双鞋的优劣。非常明显,在这个过程中心理活动一直存在。

消费与心理是互相影响的。先说消费对心理的影响。正确、合理的消费,促进心理健康,使人保持良好的心态,而不正确、不合理的消费往往有害于人的心理健康,使人心态不佳。例如,一个人手里的钱不多,本应买自己最需要的东西,但是由于受别人的影响或某种商品的诱惑,把钱花掉了。事后冷静下来,后悔买了不该买的东西,同时为没有钱买最需要的东西而着急、发愁。这就会造成心绪不佳。还有时虽然买到了最需要的东西,但却是伪劣产品,也严重影响人的心态。假如遇到类似不满意的事情太多,就会较长时间使人心烦、郁闷,造成心理障碍。此外,严重不合理的超消费或者低消费,也会对人的心理健康产生消极影响。

再从心理对消费的影响来看,心理健康的人,情绪稳定,善于调控自己的消费行为。他能够比较理智地对待自己的需要,也能够从实际出发去选购商品,减少失误。即使偶尔在消费方面发生失误现象,他也能及时汲取经验教训,调整自己的消费行为。

青年学生应正确认识消费与心理健康的关系,增加在消费生活中的自觉性和调控能力。

3.消费与社会适应。

人的消费活动是人的社会适应的重要内容,也是发展、提高人的社会适应能力的重要渠道。人在消费活动过程中,要了解社会,接触各种各样的人,与社会发生各种联系,促使人适应社会的经济、政治、文化、道德等各领域的现实和发展。每项具体消费活动的完成,都使人的社会适应能力有所长进。例如,中学生都曾参加过旅游活动,在活动中要乘车、购买食品、游览景点、参观展览,同学之间、师生之间以及游客、服务员之间进行人际交往,这些无疑会提高人的社会适应能力。生活中,常听人们说:"花钱买教训,花钱买经验。"这就是指在消费过程中总结社会适应的情况,提高社会适应能力。一个社会适应能力不强的人,会在许多方面碰壁,工作、学习、生活都不顺利,影响身心健康发展。

综上所述,消费与健康密切相关,而且生理健康、心理健康、社会适应几方面因素互相渗透、相互影响。应该使消费活动有利于促进自己的身心健康,而不是相反。

二、正确选择自己的消费行为

1.建立"适度消费"的观念。

建立"适度消费"的观念,是正确选择自己消费行为的前提。所谓适度,从社会而言,是指消费必须与社会生产发展的水平相适应。离开生产的物质条件而拔高消费,显然是不适当、不实际的。从家庭而言,适度是指消费要"量入为出",不可"寅吃卯粮",消费支出后应留有一定的剩余。再就青年学生来说,消费适度的问题首先要考虑到,一个人在读书期间还没有真正地为社会创造物质财富,衣食住行和接受教育全要由家庭及国家来负担,不应该在生活消费上提出过高的要求。因此在国家教委颁布的《中学生日常行为规范》中提出了"生活节俭,不摆阔气,不乱花钱,不向父母提出超越家庭经济条件的要求”,这应当是青年学生消费适度的标准。

要说明的是,我们提倡生活节俭并不是说该花的钱也不花。随着社会主义现代化事业的发展,人民生活水平将不断提高,用于家庭正常的物质生活和精神生活的消费,也会随之增加。只要家庭经济条件具备,即使有时要花一些钱,也不能认为不节俭。但是家长供给我们的费用是他们辛勤劳动所得,作子女的理应懂得珍惜。况且,现在才十几岁的年轻人,今后还要奋斗几十年,要想在事业上有所成就,没有艰苦奋斗的精神是决然不行的。生活节俭、适度消费是培养艰苦奋斗精神的重要途径。

2.正确对待广告宣传。

广告是为了推销商品(或服务)采用一定的媒介物,向广大消费者传递信息的一种手段。随着市场经济的发展,广告的利用率越来越高。

消费者通过广告可以知道商品的商标、性能、用途、使用与保养方法、购买的手续、时间、地点等,可以知道某项服务的内容、联系地点、联系方法等。广告大都经过精心设计、精心制作,使消费者对商品(或服务)产生美好的印象,从而产生消费的动机,采取消费的行动。

但是,广告毕竟主要是为了推销商品(或服务),消费者不能被广告搞昏头脑,被广告牵着鼻子走,应该开动脑筋,对广告宣传进行分析,以便正确选择自己的消费行为。

广告宣传总是强调其商品好的一面,消费者不能被他们的“自夸”迷惑,要弄清商品(或服务)的实质性东西,而且要“货比三家”,对于同类的商品(或服务)要看一看不同厂家(或服务单位)商品(或服务)的各方面情况再做决定。要注意社会上对商品(或服务)的反馈信息,广告宣传再好,社会反馈信息不好,也不要购买。社会反馈信息有时比较复杂,有的反映好,有的反映不好。因此,不是急需的商品(或服务)要等一等。要特别重视各级政府技术监督部门的意见,他们的信息具有权威性。

消费需要有急有缓、有大有小,家庭经济条件有限,广告宣传的东西再好,财力达不到,不是急需的也不要随意消费。

3.衣、食、书刊、医药等方面的消费。

(1)食物与饮料的选择。

青年学生购买食物与饮料是最经常的消费行为,能够正确地选择食物与饮料对保证健康大有益处。

水果与蔬菜的选择。购买水果与蔬菜最主要的标准是新鲜。新鲜的水果、蔬菜色泽鲜亮,显得饱满可爱。选购时,还要注意选择形状正常最能体现品种特点的,不要买奇形怪状的。因为形态变异常常是由于污染或其他病害造成的,食后对人没有好处。选购水果、蔬菜还要注意营养价值。不要认为价格越高营养价值越大。

肉类与鱼虾类的选择。首先注意是否经过检疫。市场上出售的肉类必须经过检疫,带病的畜禽肉容易传染疾病。如食用"痘猪肉"就会把绦虫病带进人的身体。现在,有些不法商贩,为了赚钱,常非法出售瘟猪、瘟鸡。所以,必要时,应问问是否带着检疫证明。最好到信得过的商店、摊位去买肉类。优质肉类色泽均匀、有光泽,瘦肉部分红润,脂肪部分洁白;用手指按压后,凹陷部分迅速恢复原状;闻着没有怪异味。劣质肉类无光泽,瘦肉部分变得紫黑或发白,脂肪部分发黄、发粘;用手指按压后留下痕迹;闻着有怪异味或臭味。比较新鲜的鱼外观有光泽,鳞片完整,眼球饱满不凹陷,翻看鱼鳃是红色的,用手摸鱼体是光滑的,不发涩、不发粘,按压鱼的腹部,坚实而不鼓胀,鱼骨和鱼肉不分离。

糕点与小食品的选择。糕点类食品是经常性消费品,选购时要特别注意生产日期和保质期。小食品的种类很多,瓜子类、花生类、各种糖、巧克力、膨化类食品、腌制的干果,等等。青少年学生对这类食品的消费量较大,选购时要注意质量。有包装的,注意生产日期;没有包装的,要观察色泽、气味。吃着有异味的,就不要再吃。糕点和小食品在生产过程中常常放添加剂,有些添加剂对人的健康不利,例如色素、糖精、防腐剂等,尽量选购没有添加剂和添加剂少的食品。

饮料的选择。购买饮料(包括冷食)要注意色泽、味道以及有没有异物。饮料极易粗制滥造,伪劣产品较多,买时要注意。以汽水为例,澄清、无沉淀、不混浊、无异物、味道纯的就是质量较好的。啤酒、咖啡等含有刺激性的饮料,青年学生不宜经常饮用。

(2)衣饰与化妆品的选择。

爱美之心人皆有之,青年学生也不例外。衣饰及化妆品选择得好,使用得当,不但增加人的美感而且促进身心健康。

选购衣服应注意以下几个方面:

①穿着舒适。学生宜选择纯棉面料或其他透气性、吸湿性好的面料制作的衣服,要宽松一些,不宜过于紧身。

②端庄得体。穿在身上能显出青年学生的青春朝气,既严肃、又活泼。不买奇装异服。

③价格适当。由于各人家庭经济条件不同,买什么价格的衣服可以有些差别,总体上说,应该买价格适当的衣服而不

宜买高档服装。

现在,许多学校组织学生统一购置校服,这很有好处。同学们应爱惜校服,根据学校要求整洁着装。

饰物,指佩带的装饰物。中小学生是不能戴首饰的,如耳环、项链、手镯等,但有些少数民族地区,由于民族习惯允许青少年佩带某种首饰,可以遵从当地学校的有关规定。

化妆品能够对人的皮肤或头发起保护作用,还能美化人的面容,正确的选择,合理地使用,对人的身心健康是有益的。目前,化妆品的种类很多,面向社会广大群众,面向成年妇女的占绝大比例,适合中学生使用的并不多。青年学生可以选用的化妆品主要是一般化妆品,如膏霜类护肤用品和洗发、护发品。美容修饰类化妆品(如唇膏、睫毛膏、指甲油、脂粉等)和香水类化妆品,中小学生不宜使用。

选购使用化妆品应注意:

①选择包装严密,有正式标志的定型产品。有些产品没有商标,往往是伪劣产品。

②选择与自己皮肤相适应的产品。人的皮肤分油性、干性、中性三种。护肤类化妆品与不同特性的皮肤相适应,选购时要注意。干性皮肤,多用脂类护肤品;油性皮肤,可用霜类护肤品。

护肤用化妆品,一般不能混合使用。如果混合使用,可能引起皮炎、色素沉着、过敏等症状。

③选择无毒无害的产品。有些化妆品中含铅、砷、汞、甲醇等有毒性的化学物质,使用不当会影响健康。平时要注意有关信息,选购经过检测、试验、社会声誉好的化妆品。

(3)正确的求医与用药。

求医与用药是生活中常有的事情，能够正确的求医与用药会使疾病早日痊愈，恢复健康，否则可能贻误时机，使病情恶化，造成惨痛结果。因此，掌握正确的求医与用药常识是非常必要的。

求医的常识主要有以下几方面：

①有病及早求医。一般疾病都有早期症状，一旦发现身体不适，出现了患病症状，如发烧、疼痛、呼吸不畅、眩晕、呕吐、无食欲等，要及时去医院诊治。

一般学校都设有卫生保健室和保健医生，学生在校期间出现患病症状，应该先请保健医生诊断一下，并做相应处理，然后根据保健医生的建议去医院诊治。

②针对病情挂号。医院治病，分科挂号。一般分内科、外科、皮肤科、妇科、耳鼻喉科、口腔科等，挂号时要针对病情，挂相应的专科号。

社会上有一些专科医院或专科门诊部，他们往往有治疗专长，如果患了明显的专科疾病，也可以到这些地方去诊治。

③急诊。病情严重的紧急疾病，看急诊，可以得到迅速及时的治疗。如严重呕吐腹泻，昏迷休克，严重外伤等。

④与医生配合。治病不能光靠药物，还要靠调节精神、饮食、生活节奏等多方面因素的配合。医生常在开处方的同时，提出一些注意事项，要求病人积极配合。求医治病就要听医生的话，不能我行我素。

现在社会上“个体”行医的人不少，其中有的人是没有行医执照的“江湖医生”，所用药品不少是假冒伪劣产品。因此，不了解底细的千万不要找这些人看病，以免误事。

用药的常识主要有以下几方面：

①认真看药品说明。应该根据说明去用药。如果不清楚，就主动问医生。

②中西药不宜同时用。有人患病，既看西医，又看中医。西药和中药的药性不同，容易互相作用，影响疗效。因此，如果必须既吃西药又吃中药，应该把时间错开，至少间隔1小时以上。而且要密切注意身体反应，如有异常反应，立即停服，向医生问清楚。

③切忌自己乱用药。乱用药是非常有害的，甚至是危险的。有的人得了病，自己根据症状“找”药吃，仅凭经验或药品说明用药，很可能不对症。一般家庭有些常备药品，只能用于小病、小伤的临时处置，有病一定要请医生诊治。

(4)书籍与报刊的选择。

购买书籍与报刊是青年学生重要的消费行为。书籍、报刊是供阅读的，选择得好，能促进身心健康发展，选择不好，则对身心发展不利。

为了使购买书籍、报刊的消费行为有利于自身的健康发展，青年学生应注意以下几点：

①选择实用的书籍报刊。有许多书籍报刊是与学生的生活学习直接相关的，能够指导我们提高思想品德修养、提高智力，应当优先选购。学科参考书出版量很大，不能盲目购买，应当在老师的指导下选购。

②选择内容健康的书籍报刊。大部分书籍报刊内容是健康的，但有些书籍报刊宣扬色情、暴力、封建迷信、宿命论等不健康的东西，青少年学生不应买，也不应看。

③选择信息量大、能扩大知识视野的书籍报刊。选购书籍报刊时，应先看内容介绍和目录，看有价值的信息多不多，

信息量太少的不必买。有些书籍报刊主要以个人的生活佚事或社会上奇闻趣事吸引读者。青年学生时间精力财力有限，益处不大的，不应购买。

④选择印制质量好、价格合理的书籍报刊。有些书籍报刊印制质量不好，图文不清楚，错漏很多，很难顺利阅读，甚至在头脑里留下错误的东西。这类书籍报刊千万不要买。

4.学会保护自己的合法权益。

在市场经济迅速发展的今天，消费者通过购买商品满足需要，只有买到价值合理、秤够尺足的商品，才是获得了自己正当的权益。如果买到的是假冒伪劣的商品，自己的合法权益就受到了损害。那么，怎样才能保护自己的合法权益呢？

首先，要“防患于未然”。在购买商品之前，要看一看商品的说明书、包装物或商品上有没有“商品标准”。国家禁止无标准生产和销售无标准商品的行为。国家标准、地方标准和企业标准的代号分别为 GB、DB 和 QB，还有各类行业标准。凡没有标准代号、编号和名称不要购买。

其次，要学习鉴别假冒伪劣商品的常识，因为有些商品虽有“商品标准”也可能是冒牌货。这类常识内容很多，要靠日积月累的学习。

购买较贵的商品，应让出售者开正式发票。购买有保修期的商品，应让出售者开保修单，以备出现质量问题找有关部门解决。

购买商品后，如发现质量问题，可以找原购货商店，要求退或换。如商店解决不了，就要分析是经营上造成的问题，还是生产上造成的问题。当地如有消费者协会，可向该协会反映。如当地没有消费者协会，是经营方面的问题，可找商店的直接上级解决;是生产厂家的问题,可找厂家解决。还可以向当地的技术监督部门投诉举报。

第二节　防止有碍身心健康的消费行为

一、防止迷信的、不科学、不卫生的消费行为

随着我国经济的发展和人民生活水平的提高,日常的消费活动日益增多,与此同时也带来了许多消费中的卫生问题。如果不懂或忽视这些问题,就会造成对人们健康的影响和损害。

下面根据目前的情况着重谈两方面的问题。

1.防止迷信的消费行为。

近年来,封建迷信活动在一些地方死灰复燃,有些搞迷信的人,也借此骗取钱财。现在,花钱请人看“风水”,找巫婆看病买药,请法师跳神捉鬼,花大钱修庙建坟,祭天祀地等等活动在某些农村地区比较普遍。据调查,苏北某县一个村里的农民,用于烧香祭祀、算命拜神等方面的消费,竟然占其年收入的48%以上,而用于农业生产的再投入则不及17%。这种消费现象不仅在农村,一些城市也时有发生。在迷信消费的影响下,一些中小学生,也出现了升学、考试前,花钱去占卜算卦,遇到挫折、难事也不惜重金去找算命先生指点“迷津”。这种情况告诫我们,当前青少年学生必须警惕宿命论思想的侵袭,切勿使自己成为封建迷信的牺牲品。

在当前历史变革中,我们受过现代文明教育的人,应当成为现代文明的传播者,成为克服文化落后、精神愚昧的先锋。从消费行为上说,就是要防止迷信的消费,首先做到自己讲文

明、不迷信，不花钱干这类愚昧的事。同时，还要尽力劝说别人，不要为封建迷信活动而耗费钱财。

2.防止不科学、不卫生的消费行为。

迈向现代化的中国人，对如何健美、如何保健长寿、如何提高生活质量等等，从未像今天这样孜孜以求。人们的眼光自然地投向了诸如减肥、明目、按摩、化妆、保健品等各种新科技产品。但减肥药吃了不见消瘦，文眉扎肿了脸，蒸气美容伤了皮肤，“快速镶牙”花钱上了当，不少青年人追逐新潮化妆品，当所有最新、最好、最贵的东西都集中于一脸时，结果往往适得其反。不久前，以“一个月能长高7厘米”而闻名的增长素，使众多的消费者受了骗……。

面对大量的伪与新相伴而来的商品，作为消费者我们应当怎样减少不科学、不卫生的消费呢？

事实上，伪科学之伪，除了名符其实的伪劣外，还往往与构成“伪”字的“人、为”二字有关，即人为的轻信、误用，也会使伪的东西造成真的结果。因此，消费中既要警惕作伪的他人，又要警惕来源于我们自身的因素，如此才能减少消费活动中的失误。在因轻信、误用而造成不科学、不卫生的消费方面，医生们早有忠告。如一位皮肤科专家指出，化妆品具有保护皮肤的作用，但使用适度才是卫生的，如果涂得过于频繁，过厚，就堆积起来，堵塞了毛孔，便有害于皮肤了；本来，化妆品具有的活性可以改善血液循环，但是活性过大，尤其是在身体发烧时还过多地涂抹，就造成了刺激性，使皮肤角化过高，以致粗糙、肥厚。谈到现在的化妆品，他认为，粗制滥造的情况是有的，问题是过于追求高档，香精、色素等有害物质加得多，不但提高了成本，也危害了人体。

“买适合自己的东西”，是防止不科学、不卫生消费的又一重要之点。例如，对药品只盯“价”，不对“症”，好像药越贵越有效，多花钱病就好得快。还有的盲目对号入坐，看广告，按别人的经验买药治病，结果常常导致误用药品，轻则不见治效，重则节外生枝，产生其他副作用，这些都是消费的误区。又如，一些女士盲目追求西方化妆品，其实，买国产化妆品未必不好，一是本土产品根据中国人而制，适合黄皮肤，一般说风险小。二是价格便宜，花高价并非能买到理想的东西。第三，出了问题也好找。

从青年学生来说，不进营业性舞厅、酒吧，不涉足妨碍身心健康的场所也是防止不卫生不健康消费行为的重要方面。营业性舞厅、酒吧，都是以赢利为主要目的的供成年人活动的场所。到营业性舞厅跳舞要买票，票价一般要几十元钱。供应的饮料、食品也大都是高档的。一些出入营业性舞厅的学生学会了吸烟喝酒，热衷于穿戴打扮，养成了奢侈浮华的作风。如果中学生到营业性舞厅跳一次舞，花费上百元，这些开销必然转嫁给家庭，增加父母的负担。青年学生尚未成年，没有独立的经济收入，到营业性舞厅跳舞不符合他们的身分，不利于培养勤俭朴素的作风。一旦个人的要求得不到满足，意志薄弱的青少年就可能在高消费的诱惑下用不正当的手段搞钱，因此中学生应该参加与自己身分和消费能力相适应的文化娱乐活动。

此外，进营业性游戏机房，花钱玩游戏机也是当前青少年学生应当注意防止的一种不卫生的消费。热衷于玩游戏机绝不是一个好习惯。不仅耽误时间、影响视力、不利身心发育，而且一旦在游戏机房玩上了瘾，弄得欲罢不能时，就要不断花钱去玩，而为了弄到钱，就极易走了错误的甚至犯罪的道路。这种恶果并不鲜见，值得青少年学生警惕。

二、防止与克服消费行为中的不良心理

在青年学生的消费行为中最常见的心理偏差有以下几种。

1.消费行为中的攀比心理。

在消费生活中，互相攀比肯定是错的。这里的攀比，是指跟别人比着买东西。例如，有的中学生看到别人买了一双名牌运动鞋，自己就想买一双比他的牌子还出名的运动鞋。甚至有的人你买一双，我买两双。这种消费行为的出发点是"比"，而不是实际需要。如果在消费生活中，这样比来比去，除了造成极大的浪费之外，还会有更多的害处。

攀比助长了虚荣心。本来，在商品消费方面应以物美、价廉、实用为标准，而不应比"名牌"，比价格高，比拥有量多。攀比的结果，是以不"实际"的东西满足自己的心理需要，这就是虚荣心。一个虚荣心强的人，不可能扎扎实实地生活、学习和工作。

攀比还会产生自卑心理。攀比来攀比去，不可能老占"上风"，总会出现被比下来的时候，这就容易产生自卑心理。攀比，是以金钱做后盾的，经济来源不足，就觉得不如人家有钱，似乎矮人一头。这种自卑心理会影响人的整个心态。

有攀比心理的同学应该想一想，作为青年学生，互相之间应该"比"什么，不应该"比"什么。"比"什么是有出息的，"比"什么是没有出息的。还应分析一下，自己的攀比心理是怎样形成的，是受同学或家长的影响，还是社会上某些不正之风的影响。有了正确的认识，攀比心理就容易克服了。

2.消费行为中的炫耀心理。

有的同学喜欢在别人面前宣扬自己有什么,家里有什么东西如何“高级”,如何“棒”,有时还花钱买些吃的或用的,对同学“慷慨”一番。其目的是向别人“炫耀”自家有钱,拥有高档商品。这就是“炫耀心理”。其实,各家情况不同,不应自夸金钱和物质优势。少数浅薄的人可能羡慕你,更多的人会觉得你肤浅,缺乏修养。长期存在这种心理还会有以下危害:

(1)容易养成超消费的习惯。青年学生消费应该养成节俭的好习惯,超消费的习惯一旦形成,将贻害终生。

(2)造成骄傲自满心理。总爱炫耀自己的人必然形成一种定势,我比你们都好,这就是骄傲。如果某方面不如别人,又会出现虚荣心,加以掩饰。

(3)容易造成不良的人际关系。在消费行为中的炫耀心理,实质上是在消费方面看不起别人,认为别人没钱、没有好东西。你越炫耀,越引起别人的反感。有些人就会疏远你,你的人际关系就会恶化。

有炫耀心理的同学,一般家里比较有钱。这些同学不该把有钱看成自己的“资本”,作为一名没有经济收入的青年学生,真正的“资本”应该是德、智、体的全面发展。有钱不是坏事,但不能正确对待,就会变成坏事。人,真正的富有在于精神,在于心灵。

3.消费行为中的喜新厌旧与恋旧厌新心理。

这是两种截然相反的心理偏差。一些同学,在消费行为中有喜新厌旧的心理。他们使用的东西,经常换新的,铅笔盒买了一个又一个,书包换了一个又一个,橡皮买了一大堆,转笔刀能摆半抽屉。“新”,能满足他们的心理需要。为了“新”,

他们要比别人多花好多钱，浪费好多东西。与此相反，在消费方面有恋旧厌新心理的人也是存在的。有新衣服不穿，觉得不习惯，怕别人看，怕别人议论。有新的文具不用，只用旧的，即使坏了，也还凑合，如果为了节约，那无可非议，其实有些人是只习惯旧的，不喜欢新的，这种心理定势也是不可取的。

克服这两种心理偏差的关键在于调整消费观念，确立合理的消费意识。从实际出发，该买新的就买新的，买是为了用；不该买的时候就不要买，避免浪费。

第七章　情绪、应激与心理健康

第一节　情绪与心理健康

一、情绪的作用

我们在日常生活中，常使用情绪一词，比如“我今天情绪非常好”，“他做事太情绪化”等等。那么心理学是怎样定义情绪的呢？一般认为，情绪是人对客观事物的态度体验及相应的行为反应。喜、怒、哀、乐、忧、愤、爱、憎等均是情绪的不同表现形式。

情绪是由客观事物引起的，但客观事物本身不直接决定情绪，而是通过人的主观需要产生的。凡符合人的主观需要的客观事物，就会引起肯定的情绪。如口渴遇到水，事业取得了成功，则会产生“高兴”、“满足”、“幸福”的情绪体验；凡不符合主观需要的客观事物就会引起否定的情绪。如身体受伤，受到攻击，则会产生“痛苦”、“气愤”等情绪。

对同一客观事物，不同的人，可以有不同的情绪反应；同一个人对同一事物在不同的情境下也可能有不同的情绪反应。比如，教师批评两个没做作业的同学，其中一个只是当时不好意思，难过一会儿就没事了；而另一个却像是受了天大的委曲，大祸临头一般，好长时间处于紧张和不愉快中。再如，一个同学当时正生病,还与父母吵了架,丢了心爱的书包,老师批评他没做作业,他肯定特别伤心,认为天下倒霉的事都让自己碰上了;反之,如果这个同学编的计算机程序刚刚获奖,又交了个知心的朋友,那么对老师的批评也就能理解,不产生很痛苦的情绪体验。人已有的经验和对情境的认知结构决定情绪的性质。

有的同学会问,情绪是先天就有的还是后天学习的?心理学家认为,人类幼稚期的基本情绪及行为方式是先天具有的。像婴儿生下来就会哭,两个多月会笑,盲聋儿童不能观察、模仿别人的情绪,也与正常儿童有相似的喜、怒、哀、乐,这些是天生的,但成人的复杂情绪大多是后天学习的,像害怕黑暗,恐惧蛇,是后天学习的结果。人类深沉、稳定的情绪——情感,如爱、憎等更是后天习得的。

情绪在生活中非常重要。人非草木,孰能无情。情绪是表达我们自己感觉的无声语言。情绪就像空气一样,包围着我们,无论做什么,想什么,学什么,都伴随着情绪。情绪对人的活动是十分重要的。

1.情绪可以影响和调节认知过程。

我们都有这样的体会,在良好的情绪状态下学习时,思路开阔,思维敏捷,注意力容易集中,记忆力好,想象丰富,解决问题迅速。而心情郁闷、厌烦、紧张的时候,则思路不清,操作迟缓,甚至连连出错。

2.情绪可以协调人际关系。

情绪是人类社会生活和人际关系中不可缺少的重要环节。人类社会的交往和维持,主要靠语言和情绪。情绪通过表情促进人们的相互理解,彼此共鸣,它是人们建立相互依恋的纽带。表情帮助人们辨认自己所处的环境和对方的态度，从而决定自己在这一场合的行为。感情交流还可使人产生同情，相互感染，以至互相接近和依恋。人与社会及人与人的关系均可通过情绪反映出来，像爱和恨、快乐和悲伤等等，均和语言一起，调节着人们之间的关系。

3.情绪影响个性的发展。

人的全部活动和行为方式都要受到情绪状态的影响，当情绪对人活动的影响，或人对情绪的控制具有稳定性、经常性的特点时，这些特点就表现在个性中。良好的情绪状态如稳定、持久、愉快等，会对个性形成起积极影响；反之，情绪不稳定、压抑，会对个性的形成起消极作用。

4.情绪影响人对社会的适应。

现代社会不断变革，社会价值、社会规范、社会观念，都随之变化。新情况、新观念的不断出现，使人们不能用以往有效的方式对环境做出适当反应，因而出现某些情绪困扰。如果这种困扰不能尽快消除，则影响了正常学习工作和对社会的适应。对情绪进行自我控制、引导、调节和适当地加以发泄，有利于更好地适应现代生活。

5.情绪影响人的身心健康。

如果一个人长期处于不良的情绪状态中，就会整天神不守舍，焦躁不安，不仅造成心理平衡失调，增大心理负担，降低学习效率，还可能导致心理疾病和生理疾病。中学生如在学校受到的批评过多，和同学的关系不融洽，学习任务过重，又缺少适合年龄特点的课外活动，有时会引起强烈的焦虑，出现呕吐、腹痛或头痛等症状，严重的还会失眠、神经衰弱。

二、青春期情绪的特点

1.情绪的变化易受环境的影响。

刚出生的婴儿和幼儿的情绪常表现为爆发式的，情绪状态是平静和爆发交替出现，内部情感和刺激情境不可分离。随着年龄的增长，对主、客观世界逐渐分清，11岁以后，已完全能认识到情绪是内在的个人的。到了青春期，人的自我意识强烈，自尊需要迫切，这个年龄阶段的人，十分珍视荣誉，尽一切努力保护自尊心。因此，当意识到有某些威胁自尊心的因素存在时，就会产生强烈的不安、焦虑、恐惧，当自尊心受到伤害，马上会生气、愤怒，对别人的嘲笑、蔑视反应非常强烈，对家长、教师的忽视、压制、不公平对待非常敏感。

比起人生的其他阶段，这个年龄的情绪受环境的影响最大。此阶段之前，自我意识不很强烈，对环境的变化，情绪上不那么敏感；此阶段之后，随着自我意识的发展和完善，人能比较客观、冷静地分析对方的动机、情绪的后果等，自主地控制情绪，能避免情绪盲目地受环境的影响。

2.意识开始参与调节和控制情绪。

青春期的情绪虽较成人易消易生，但比起少年时代，则能主动地用意识控制情绪。如欲望得不到满足，儿童多发怒、啼哭，而青春期则能根据当时的情境控制情绪，或怒不形于色，或怒而不争。这时会有内心情绪和表情以及行为不一致的现象出现。为了需要，能在某种程度上掩饰自己的情绪。

3.情绪强度大，易变化。

少年时期人的情绪对刺激的反应不敏感，有时还比较迟钝，故而情绪变化不是很激烈。青年初期，人非常敏感、好胜，易狂喜、狂怒，也容易极度悲伤和恐惧，情绪来得急，去得快，遇事好激动,忽冷忽热,往往顺境时得意忘形,逆境时则垂头丧气。成年人则冷静得多。有时候,成年后,回忆起青年时的大喜大悲的情绪,会觉得当时是多么幼稚、单纯。

4.情绪逐渐趋于稳定。

少年时期,人对自己的情绪的自我调节和控制能力相对差些,情绪的波动性更为明显,不善于使自己的情绪适合不同的时间、场合。到了青春期,情绪逐渐内隐、文饰和曲折,控制能力随知识、智力、意志力的发展而提高,并逐渐与前途、理想交织在一起,显得比较稳定、持久,善于自我控制和调节。

比起成年人来,青春期情绪的短暂性和易变性占优势。

三、健康情绪的培养

1.健康情绪的特点。

健康情绪是指人能表现出与环境协调一致的情绪反应。这种情绪反应不仅要符合当时的场合、氛围,还要符合人的年龄、身分、文化特点。幼儿在严肃的场合大声哭闹,不能认为情绪不健康;如果青年、少年或成年人无故地大哭大闹,则是情绪不健康了。西方人当众接吻来表达强烈的爱情,没有人认为不正常,而两个中国学生那样做,则认为是不正常了。

健康情绪,要有喜、怒、哀、乐正常的情绪反应。如果一个学生对一切都丧失兴趣,对所有的人、所有的事都漠然处之,则是不健康的表现。持久地体验恐惧、焦虑、害怕等不愉快情绪,也是不健康的表现。

健康情绪的另一个重要特征是愉快、喜悦、同情、自信等积极情绪体验多于忧愁、恼怒、恐惧、仇恨等消极情绪的体验。

健康情绪还表现在随年龄的增长,社会经历的增加,道德感、理智感和美感等高级情感不断发展和完善。青年初期应有意识地培养和发展高级情感。如果到了这个年龄仍毫无道德感，没有理智，没有美感，则属于情绪不健康。

2.了解自己的情绪。

为发展健康情绪，应了解自己的情绪状况。

列一张情绪变化表。具体办法是连续两个星期记录自己的情绪体验，写“情绪日记”。每天晚上，把当天早晨、上午、中午、晚上的情绪反应写出来，分积极情绪、消极情绪、中间情绪三类，如下表所示：

表7－1 情绪日记表

原因 情绪 时间	积极情绪	消极情绪	中间情绪
早晨			
上午			
中午			
晚上			

分析导致这些情绪的原因时写出和这些情绪有关的事件、情景或人，有时不能把情绪归因于一件事或一个人，可以写原因不详。两星期之后，根据记录资料分析自己的情绪，可参考下列问题。

①我的日常生活中，积极情绪的百分比是多少，消极情绪

的百分比是多少。

②我的日常生活中，积极情绪体验的时间的百分比是多少，消极情绪体验的时间的百分比是多少。

③我的情绪反应是否适当，在某个时候高兴是否有理由，生气是否有理由。

④我有多少情绪是由未知或无意识的原因引起的。

⑤每隔多久，我改变自己的情绪，情绪变化的幅度多大。

⑥我是有多种情绪体验，还是只有一种情绪体验。

另外，也可参考下面的情绪自我评定量表来了解自己的情绪。

在每题后面都有四种不同的情形，在符合你情况的括号内画："√"

表7-2 情绪自我评定量表

愤怒	经常	有时	很少	从不
①我对别人隐藏、压抑自己的恼怒。	( )	( )	( )	( )
②我和别人生气后，感到后悔。	( )	( )	( )	( )
③别人一激，我就忍不住发怒。	( )	( )	( )	( )
④我觉得对别人发火有害。	( )	( )	( )	( )
⑤我遇到只能用愤怒来反应的事。	( )	( )	( )	( )
快乐				
①我感到学习很枯燥，毫无乐趣可言。	( )	( )	( )	( )
②我感到厌倦。	( )	( )	( )	( )
③我确实很难专心学习。	( )	( )	( )	( )

④学校生活对我来讲，毫无意义。　( )( )( )( )

⑤我做事爱冲动，很难冷静。　( )( )( )( )

恐　惧

①避开人群，我会感到更舒服。　( )( )( )( )

②我对害怕的事，常常逃避。　( )( )( )( )

③我一想到危险就难以正常思考。　( )( )( )( )

④我觉得要不惜任何代价避免失败。　( )( )( )( )

⑤对我来说，停止对某事的担忧是不可能的。　( )( )( )( )

信　心　　信　任

①我对自己能否学习实习好，无把握。　( )( )( )( )

②当别人与我做事方式不同，我会怀疑自己。　( )( )( )( )

③我觉得大多数人唯一感兴趣的是他们自己。　( )( )( )( )

④我不愿让别人管我的事。　( )( )( )( )

⑤我试图向别人隐瞒自己的感情。　( )( )( )( )

妒　忌

①其他同学成绩好对我是一种威胁。　( )( )( )( )

②当我做完某一件事时，一定想法让别人知道。　( )( )( )( )

③看到别的同学受表扬，我感到心烦。　( )( )( )( )

④对别人的错误，我能容忍。　( )( )( )( )

⑤我发现竞争比合作更能使人进步。　( )( )( )( )

焦　虑

①我总觉得将有可怕的事降临，但又不知是何事，为何。　（　）（　）（　）（　）

②我对自己的长远目标心中无数。　（　）（　）（　）（　）

③我的压力似乎同时来自四面八方。　（　）（　）（　）（　）

④做不熟悉的事会使我心神不定。　（　）（　）（　）（　）

抑　郁

①我入睡困难，而且易被吵醒。　（　）（　）（　）（　）

②我不能把精力集中到学习上。　（　）（　）（　）（　）

③我感到自己不能主宰自己的命运。　（　）（　）（　）（　）

④我觉得自己得到成绩主要靠运气。　（　）（　）（　）（　）

⑤我不停地活动来使自己摆脱烦恼。　（　）（　）（　）（　）

评分：

经常 5 分；有时 3 分；很少 1 分；从不 0 分。

每一部分总分超过 15 分，表明这方面的情绪不是很健康，应予以注意；少于 5 分，则表明你在这方面的情绪健康，处理得较好。

3.做情绪的主人。

青年初期，应学会调节和控制情绪，经常保持良好的情绪状态。可从以下途径培养健康情绪。

(1)确定奋斗目标。

俗话说，人无远虑，必有近忧。给自己确定一个目标——毕业后做什么，做到何种程度，如何做，为了达到这个目标，现在该做什么。写下具体的目标，积极、热情地付诸实施，并能根据情况变化，调整奋斗目标。不要过分地关注眼前的利益得失。也不要过分地关心别人的事，这样你会发现，自己的积极情绪体验在增加，消极情绪体验在减少。

(2)承认情绪是人本身的一部分。

情绪反应、表达是人本能的要求，表达自己的情感，是正常、正当的。有的同学可能认为"有抱负、有能力的人应该头脑冷静、有理性、讲逻辑，设法不暴露自己的情感。"这是对情绪情感片面的理解。适度地表达情绪，不是妨碍，而是有助于事业的成功。冷酷无情的人，会造成人际关系紧张，影响事业的成功。

(3)主动体验情绪。

试着听一些音乐，听时合上双眼，让自己的感觉随着音乐流动。

在公园里单独散一会儿步，安静地把思维集中到一棵树或一朵花上。

和一位知心朋友呆一会儿，试着进行一次坦诚的谈话，各自讲出一件事情，或对自己、对方、他人的真实感受。

(4)学会表达情绪。

把对别人或自然界的美好感受告诉周围的人，通过写日记或作文用文学语言表达情绪。遇到了情绪困扰，告诉能帮助你的人。如果从现在开始逐步有意识地训练表达情绪，将来成年后，就不会是情感贫乏的人了。

(5)积极、热情地对待他人。

请记住，别人会用你的行为方式对待你。想从别人那里得到愉快的情绪反馈，就用积极、热情、善良、友好的态度对待别人，给自己创造一个良好的生活氛围。和家庭成员、学校同学之间互相帮助、互相关心，这样你会经常保持安定、沉着、幸福的情绪。

(6)做健康情绪训练操。

通过潜意识的作用，把愉快情绪内化到心里。具体做法是：找一个安静、舒适的地方，一把椅子、一张床均可。

脱掉鞋，解开衣服，使身体没有任何束缚，把身体摊开，不要卷曲腿，把手张开全身放松地躺在床上或坐在椅子上。心里说：我现在轻松愉快，我能进入潜意识状态，能让愉快的情绪进入潜意识，这样能帮我保持健康的情绪。

闭眼，做深吸气两三次，每次屏气，想四个数，然后呼气。

闭眼，做深吸气，呼气时，想你熟悉的风景优美的地方，尽量在脑子里出现这地方的具体形象，并默念五次数字“5”，然后保持安静，自然地呼吸几次。

闭眼，做深吸气，呼气时，想父母对自己关心、爱护的具体情景，并默念数字“4”四次，然后保持安静，自然地呼吸几次。

闭眼，做深吸气，呼气时，想自己受表扬的场面，并默念数字“3”三次，然后保持安静，自然地呼吸几次。

闭眼，做深吸气，呼气时，想象自己实现了理想的兴奋的时刻，并默念数字“2”三次，然后保持安静，自然地呼吸几次。

闭眼，做深吸气，呼气时，想你和你喜欢的人在一起的情景，并默念数字“2”三次，然后保持安静，自然地呼吸几次。

闭眼，做深吸气，呼气时，想象你见过的美丽的风景或人物画，并默念数字“1”三次，然后保持安静，自然地呼吸几次。

轻声地告诉自己，我已进入潜意识状态，这种状态对我的情绪的健康有益。然后，放松一会。

告诉自己，我现在感觉情绪很好要脱离潜意识状态了。

闭上眼睛,慢慢地从1数到5,当数到5时,睁开眼,轻声说:“我现在完全清醒了,摆脱了一切紧张,完全松弛下来了,感觉比任何时候都好。”

这种情绪健康训练操,实际上是一种有效的自我暗示,想象不必拘泥于上面提到的情景,只要是令你愉快的情绪体验均可,但一定要想象具体情景,包括当时的环境、有关人的语言、动作、自己的思想等,这样可将良好的情绪体验内化到心里,来影响现实情绪。

每天抽10~15分钟做情绪健康训练,既能放松身体,又能保持健康情绪,十分有益。

四、不良情绪的调适

生活中消极情绪常常会袭击我们,大到丧失亲人,升学就业的挫折,小到同学口角,挨老师的批评。要学会应付它们,尽快清除这些“污泥”,提高生活质量。青年初期,个性和情绪的表达方式还没有完全定型,如能有意识地用最佳方式对付消极情绪,逐渐养成习惯,形成好的情绪表达方式定势,把定势内化到个性中,是一生的财富。

1.勇敢地面对消极情绪。

逃避引起消极情绪的境地,是人之常情,但一味地逃避,对消除不良情绪毫无帮助,只会加剧消极情绪体验,比如厌恶学习,采用旷课的方式逃避,可以解脱一时,但这种使人松口气的“快乐”时刻会造成“焦虑、逃课、再焦虑、更多地逃课”的恶性循环。正确的处理方法是找出厌恶学习的原因,请教师、父母、同学帮助,制定出可行的改善途径,一一实施。这就是用积极的态度对待消极情绪。

2.调整对刺激情景的认知结构。

心理学研究表明,刺激情境本身不决定情绪的性质,是我们对刺激情境的认知决定情绪的性质。比如,有两个同学因为上课说话被教师点名批评。其中一个开朗热情,受批评后认识到上课说话不对,决心以后改正,很快地恢复了平静,没有影响听课。而另一个同学则不然。他想:我怎么这么不走运,班里又不是只有我们俩上课说话,干吗就批评我们呢,是不是老师对我有成见?过春节好多同学都给老师拜年了我没去,老师肯定不满意,以后我可完了,他是我们班主任,得罪了他,可没好果子吃,实习分不着好单位,将来分配不了理想的工作,我的前途没希望了……。如此想下去这个同学不仅一节课什么也没听,下课后以为同学们也像他一样记着他受批评这件事,不好意思和同学说话,见到批评他的教师不敢打招呼,不再参加班级的活动。慢慢地,老师和同学真的不喜欢他了,于是他更加孤独、恐惧,以至不想上学了。

这两个同学遇到的刺激情境是相同的,但他们对刺激情境的认知不同,所以对情境的反应方式就不同。后一个同学过于自虑,实在是庸人自扰。但生活中确实有许多不快是自己找出来的,如何才能不自寻烦恼呢?心理学中有个"A—B—C—D—E"法,可以帮助这些同学,A是刺激情境,即因上课说话而受老师批评这件事;B是这位同学的认知,即老师的这一批评,使他在学校及将来的生活完蛋了;C是这位同学行为反应的结果,即害怕、羞愧、甚至不想上学;D是改变认知,即对B的批驳,如这个同学可以这样想:上课时随便说话理应受到批评,老师没批评别的同学,是因为别的同学说话时,老师正专心讲课,不想打断,或没听见他们的说话;E是效果,是这位同学经过改变认知,终于放下自己强加给自己的包袱,重新欢乐，愉快。

3.合理宣泄。

将不愉快的情绪表达出来就是宣泄，不过这种宣泄必须合理，以不伤害别人为前提。让别人不高兴，既不利人又不利己，因为给别人带来不愉快，人家不会心甘情愿地接受，多半会用同样方式对待你，使你更不愉快了。

合理的宣泄的方法很多，这里介绍几种：

(1)“投入地哭一次，忘了自己”。

遇到不高兴的事大哭一场。哭，可以缓解焦虑，释放痛苦。有些同学认为，哭是懦弱无能的表现，其实未必。像个“泪泡”当然不好，但在许多时候，痛哭一场就轻松多了。有人认为女人比男人寿命长的原因之一是女人善于宣泄情绪，比男人的眼泪多。

(2)告诉父母或好友“我今天很难过”。

痛苦总憋在心里迟早会憋出病来。告诉别人不愉快的情绪，不仅是一种宣泄方式，还可能找出解除苦恼的办法。青年初期，由于自主和自尊的要求强烈，往往不愿把自己的不良情绪告诉别人。要知道，在这个世界上，最爱你的人是父母，他们会尽最大努力帮助你。要相信，好朋友会为你分担痛苦的。有一名言说：一个快乐，两个人分享，就是两个快乐：一个痛苦，两个人分担，就是半个痛苦。你不想去试试吗？

(3)不妨背后骂骂人。

如果遇到给你带来痛苦而你又惹不起的人，自己找个没人的地方，大声骂他一顿。日本人生活紧张，公司等级森严，有人因此开了个“出气公司”，生意红红火火。公司的职员做顾客出气的对象，任其宣泄。“出气公司”的“出气室”有经理、科长等的橡皮人，供顾客殴打。

这里须注意，千万不要背后议论别人，这样不仅无济于事，反而会使事态扩大，对自己没有一点好处。

除上述外，同学们还可以寻找自己的合理宣泄方式。

当然，宣泄不是目的，是为了让情绪平静一些，想办法解决问题，才是最重要的。

4.正当防卫。

对给我们带来不良情绪的人或事，不能一味地忍让，要争取自己的合法权利，这样不仅有利于情绪好转，还能增强自尊心和生活能力。谦让是美德，但过分谦让就是怯懦了。

5.学会放松。

大考前、赛场上，或是做与生活学习关系重大的事情时，人们容易紧张，使水平发挥失常。人的生理和心理是相互影响的。心理紧张，影响了生理的正常状态，内分泌、肌肉等均紧张起来。可以通过放松身体来减轻心理的紧张感。

最简单的放松方式是深呼吸。还可做放松训练，找个安静地方，坐在椅子上全身放松，然后从头开始，依次让面部、胸部、腹部、四肢、手、脚的每一块肌肉先紧张，再放松，仔细体会放松的感觉，最后让全身的所有的肌肉都紧张，再全身放松。坚持每天做10分钟的放松训练，不仅可以缓解紧张，还有利于身心健康。

6.自我暗示。

心理学研究表明，暗示可以内化到人的意识中，进而影响一个人的行为，所以要经常给自己一些积极情绪的暗示。对自己说：我能控制自己的情绪。每天醒来的时候，情绪与昨天的不同。就像昨天枯死的花朵包藏着明天的种子一样，今天的悲伤,也包含着明天欢乐的种子。尽管我现在情绪不好,然而,我有能力使自己摆脱这些,我终究能快乐。如果觉得沮丧,我就唱歌。如果觉得悲伤,我就大笑。如果觉得病了,我就加倍劳动。如果觉得恐惧,我就向前冲。如果觉得贫穷,我就想想将来的财富。如果觉得无法胜任,我就想想我的目标。

7.学会自慰。

当追求某事物得不到时,为了减轻失望感,试着给失败找点儿理由,为安慰自己,给自己找台阶下。狐狸吃不着葡萄说葡萄酸,就是动用了自慰的办法。自己得到的暂且认为是最好的,把自己的柠檬说成是甜的。这种"酸葡萄心理"和"甜柠檬心理"可以作为权宜之计,冲淡内心的痛苦,使心理平衡。这种保守的防御式的自慰方式,不宜过多使用。心理平衡之后,应积极主动地进取,使心理达到真正平衡。

8.学会幽默。

幽默是精神的消炎剂。能够使人们更好地适应环境。坏情绪到来时用幽默去抵挡,有时你会觉得,坏情绪退居千里,好情绪翩然而至。

9.学会转移。

情绪发生时,头脑中有一个兴奋点,如果另外再有一个或几个兴奋点,便可冲淡原来的情绪。情绪不好时有意识地转移注意力,做些其他的事,如看看电影(视),听听音乐,打打球,散散步等,会使紧张的情绪松弛下来。

10.善于升华。

用更高的眼光看待现在遇到的失败和挫折。失败是成功之母,挫折当成是前进的动力。

第二节　应激与心理保健

一、应激和应激源

1. 应激。

"应激"一词，最先是指物理学上的张力和压力。后来被引入生活领域，用来描述导致人们辛苦、困难、逆境的压力。现代意义上的应激是指人和动物受到各种紧张刺激所引起的生理、心理和行为的一系列变化，是一个人对恐惧情景的体验。长时间处于这种状态，会导致精力衰竭和疾病。应激状态与人面临的情境及人对自己能力的估计有关，如果情境对人提过过高要求，而他又觉得自己无法应付时，便进入应激状态。

我们的身体、心理均有正常的防御机能，就是通常说的，有抵抗力。当遇到外伤、考试失败等紧张刺激时，身体有三个反应阶段(图 7-1)：

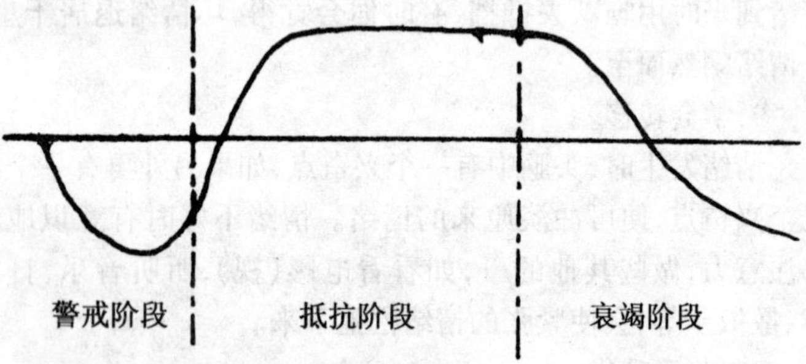

图 7-1　应激状态身体防御机能变化曲线

直线：身体正常防御机能；曲线：应激状态身体防御机能。

警戒阶段:

即机体对外界刺激所做的防御反应,是正常防御机能的体现,表现为心跳加快等。从图中可看出,这时,机体的防御机能降低。这些生理上的变化有助于体内迅速恢复平衡。

抵抗阶段:

受到紧张刺激 48 小时之后,形成的适应反应。图中可见,这时机体的防御机能迅速增加,身体发生一系列的变化,是为了维持体内平衡。如果这时应激中断,机体即可重新恢复正常;但若应激状态继续,则可能出现生理上的质变。

衰竭阶段:

机体处于长期应激状态,而导致能量枯竭所发生的反应。此时,体内有关激素内分泌功能已出现障碍,机体变得软弱无力,再也无法对付应激情境,从图中可看出,这时机体的防御机能在降低。如果应激持续下去,将导致疾病,甚至出现生命终结现象。

应激状态下,心理上的反应主要是情绪上的变化。应激可使人的情绪向特别低落和过分高潮两个极端方向发展。情绪低落时,面部表情趋于冷漠,常有忧郁、消沉和沮丧的感觉,这种心理往往要持续一段时间。情绪高涨时,会非常激动,兴奋不已,暴躁易怒,并常常不分场合地表现自己。应激必然导致人的情绪偏离正常状态。

心理学家曾对强暴案的受害者、空难事件的生还者及其他经历过重大创伤的人进行研究,发现他们在梦中或回忆这种经历时情绪体验是恐怖、震惊、战栗等痛苦的感受。此外这些人日常生活中情绪也变得迟钝、麻木,对别人疏远或不信任,甚至失眠、厌世、自责等。

应激状态下，除生理、心理有变化外，行为也有变化。行为变化一般有三种倾向：

①变相依赖。

人在应激状态下，常靠吸烟、喝酒等不良行为应付环境，想借此来减轻症状。但这样做不能减轻应激的影响，往往是做完了事后悔，后悔了又做，甚至不能自拔。

②反常动作增加。

在应激状态下人会讲话急促，走路加快，砸东西、乱花钱，丢三落四，食欲大增或厌食。

③替代性攻击。

为了减轻应激的压力，人有时会选择某种替代目标进行发泄。这时选择的目标往往是不具有还击能力的对象。如自己的下级、子女、父母，有的甚至指向自己——自伤和自杀。

2.应激源。

顾名思义，应激源是指引起应激的刺激因素。研究表明，各种物理、生物、心理、社会的刺激，均可能成为人类的应激源，其中心理和社会的应激给人造成的危害最大。

应激源按属性可分为两类：

①潜在应激源。

指隐藏在潜意识中的刺激源。即被压抑的应激源。比如一个童年经常与母亲分离的小男孩，成年后爱上了比他年龄大许多的女人。他可能没有意识到，这是他因童年缺乏母爱，没有温暖和安全感，这种感觉隐藏在他的无意识中，造成他持久的应激，以至寻找恋人时，希望有找到母爱的感觉。

潜在的刺激是造成许多心理障碍，如强迫、抑郁等的主要原因，不能忽视。

②外显应激源。

指我们平常意识到的矛盾冲突所具有的刺激作用,较内隐刺激源易于识别和控制,但刺激强烈时,给人造成的影响难以承受,比如丧失亲人或由于意外事故肢体残疾等,如应激持续久了,一般容易导致身心疾病。

应激源按来源可分为三类:

①躯体性的应激源。

指直接作用于人的身体的刺激因素,像噪音、辐射、疾病等。科学家研究了长期生活在噪音中的人,发现他们情绪不稳、脾气暴躁,注意力不集中,反应迟钝,工作效率明显下降,高血压、冠心病的发病率比生活在无噪音中的同类人高。

②心理性的应激源。

指发源于人心理的紧张刺激因素,比如有的同学担心以后找不到理想的工作,担心将来不能适应社会,就是来自心理的应激源。

③社会性的应激源。

指使人生活上变化并要求人对其适应的社会生活条件。如升学、考试、择业、出国等均是社会性的应激源。

社会性应激源是人们通常遇到的应激源。国外心理学家把生活中有代表性的应激事件按其对生活的刺激程度排成43个等级,把“结婚”定为50分,其他的生活事件通过与“结婚”比较,来确定分数,分数越高,刺激程度越高。如表7-3所示。对数千人的研究表明,人同时经历的应激事件的分数总和在50~199之间,抵抗能力较强,能顺利地渡过应激;分数总和在200~299之间,人的抵抗能力中等,通过努力,能够渡过应激:分数总和在300分以上,抵抗能力很小,大多数人不能渡过应激，导致不同程度的身心疾病。我国学者的研究也证实了这一结论。

表 7-3　社会生活事件评定量表

等级	生活事件	分数	等级	生活事件	分数
1	丧偶	100	23	子女离家出走	29
2	离婚	73	24	姻亲纠纷	29
3	夫妻分居	65	25	个人取得突出成就	28
4	服刑	63	26	妻子开始就业或停职	26
5	近亲死亡	63	27	入学或休学	26
6	受伤或患病	53	28	生活条件变化	25
7	结婚	50	29	个人习惯改变	24
8	失业	47	30	与上级不和	23
9	复婚	45	31	工作时间或条件改变	20
10	退休	45	32	迁居	20
11	家人患病或行为不良	44	33	转学	20
12	怀孕	40	34	娱乐消遣活动改变	20
13	性生活困难	39	35	宗教活动改变	19
14	家庭增加新成员	39	36	社交活动改变	18
15	工作调动	39	37	少量借贷	17
16	经济状况改变	38	38	睡眠习惯改变	16
17	好友亡故	37	39	家庭团聚次数改变	15
18	职业再适应	36	40	饮食习惯改变	15
19	夫妻争吵	35	41	休假	13
20	大宗借贷	31	42	度圣诞节	12
21	取消抵押品赎回或贷款权	30	43	轻度违法	11
22	工作责任变动	30			

二、应激与身心疾病

持久地应激或同时遇到多个应激事件，将导致身心疾病，身心疾病指主要由心理因素、社会因素而不是生理因素所引起的疾病。

研究表明，应激与高血压、溃疡、支气管哮喘、甲状腺机能亢进等有着明显的关系。

心理学家曾对同卵双生子进行观察，他们的遗传因素完全一致，但生活环境和行为表现不同、生活在充满紧张、压抑气氛中的比生活在宁静、舒适环境中的血压高得多。我国学者对 232 名高血压患者进行研究，发现有 58.79%的患者病前急躁、易怒。这表明，尽管高血压有明显的遗传倾向，但应激无疑使具有这种倾向的人更易患病。

动物和人类实验均证明，应激在消化性溃疡中起着不可忽视的作用。将狗或猴子置于持续的应激状态中，可观察到他们的胃液分泌明显增多，最终导致溃疡。心理学有这样一个实验：将两只年龄、性别、身体状况相同的健康猴子，同时放在笼子里，固定其脚，手可以动，然后给它们的脚通电，电流只使其疼痛，不伤害身体。其中第一只猴子面前有一个可以切断电源的开关和一个指示灯，第二只猴子面前什么也没有。实验开始，先亮灯，过几秒钟通电。第一只猴子的手乱动，偶尔碰到开关，电断了，几天后，它“学会”了关闭开关来使自己免受皮肉之苦，一被放入笼子里，马上紧张地盯着灯，灯一亮迅速关开关。第二只猴子只会坐等电击。两只猴子每天放到笼子几次，其他时间自由生活。一个多月后，第二只猴子安然无恙，而第一只却死了，经检查，它患了严重的胃溃疡。这是由于它在笼子里高度紧张造成的。

国外有人通过一个病人的胃壁开口对应激引起的胃分泌进行了拍照记录。当病人由于谈论引起他愤怒和怨恨的生活事件时,胃开始蠕动,胃酸出现;当病人体验悲哀和害怕时,胃粘膜变得苍白,胃酸减少。这是导致胃溃疡的原因。

国内外大量研究表明,由于应激的影响,人长期处于压抑和不满状态,容易诱发癌症。有人研究了379例的乳腺癌患者,发现亲人亡故引起的长期哀伤是病前主要的情绪体验。癌症病人中,凡是对治疗怀疑、丧失信心、抑郁、焦虑的,复发率高;表现冷淡、缺乏社会支持的复发率高。专家们认为,重大生活事件造成精神紧张,使人产生绝望的情绪,是导致癌症的主要社会心理因素。应激中身体的免疫功能降低,无法消灭癌细胞,使癌细胞扩散而患癌症。

美国心理学家对394名接触感冒病毒的人进行心理测验,发现心理紧张的人患感冒的比例高。

尽管疾病和人的生理结构有很大关系,但心理和社会因素的影响不容忽视,因此现代医学从生理、心理、社会三方面综合研究疾病的诊断和矫治。美国疾病防治和健康促进机构最近估计,45%死于心血管疾病;23%死于癌症;50%死于糖尿病的人可以综合通过行为改变、早期诊断和行为干预得以预防。

三、应激与心理承受力

持续的应激能带来心身疾病,而生活中又不能避免应激事件的发生,唯一的办法,就是尽可能减少应激带来的不良影响,而且能培养步入社会所必须的能力。

承受力的锻炼,可从以下几方面做:

1.提高自身素质,增强抵抗力。

同样的应激源,不同心理素质和能力的人,有不同的应激状态。比如实习,就是一种应激。一个学习好,能力强的同学,两三天就基本熟悉了工作,而且待人热情,虚心好学,和实习单位的同事相处愉快,使应激在抵抗阶段就结束,对身心没有造成不良影响;另一个同学虽知识学得好,但不会处理人际关系,实习单位的同事不欢迎他,他不高兴,认为人家不公平,没见识,如此,不能顺利地渡过应激;还有一个同学虽虚心、友善,但知识学得太差,不能胜任工作,被退回学校,也没能顺利渡过应激。

可见,后两个同学由于能力欠缺或心理素质不好,均没能很好地承受应激。职业学校的学生处于学习的最佳年龄,学校又为学生提供了很好的学习条件,因此同学们应十分珍惜这几年的学习生活,因为毕业后就没有这么便利的条件了。现在一定要努力学习,为将来适应社会做准备。科学知识和健康个性,是人的心理抵抗力的粮食,能增强人的承受力。

2.对自己的行为负责。

成年人,一个重要的素质是有责任心,包括对自己和他人负责。青年初期是向成人过渡的开端,应培养自己的责任心,遇到事情不怨天尤人,不推卸责任,锻炼自己解决问题的能力,才能提高心理承受力。

3.调整对应激事件的认知。

应激事件对我们的影响,很大程度上取决于我们对应激的认识。承认生活中应激事件是不可避免的,失败不完全是坏事,有些经验,只有经过失败才能换来。

4.了解应激事件。

人在不熟悉的环境中容易不安,对不能预测的事件容易紧张,出现了应激,应尽量了解已发生了什么,可能发生什么,一定发生什么,是什么引起的,能否避免,心里有了底承受能力就会增强。

5.尽快寻找渡过困难的方法。

应激中,最无益的是沉浸在事件带来的情绪中,体验这种情绪。“我以前怎么没好好学?”“我真不该那么做”之类的话毫无意义。冷静下来,将可能的解决办法写出来,逐一尝试,这不只缓解了应激事件的刺激程度,还有利于问题的解决。

6.求得帮助。

心理性应激发生时,人们常封闭自己的心理,独自忧虑,这时,应找人帮忙。社会适应良好的人比适应不好的人更善于得到别人的帮助。

应激状况,心理上主要表现为情绪的变化,健康情绪培养和良好情绪调适的方法均可用来锻炼心理承受力。

第八章 人际交往与心理健康

一位哲人说过，人生的美好是人情的美好，人生的丰富是人际关系的丰富。无论人际关系带给你的是甜蜜、幸福的体验，还是烦恼、痛苦的感觉，你都不得不承认：你必须生活在人群中，必须与别人进行交往。而我们能否有效地与别人沟通、合作，能否建立和谐的心理气氛，将左右着我们事业的成功、生活的幸福与身心的健康。

第一节 建立良好人际关系的意义

一、人际关系与身心健康

人的心理发展离不开社会活动，而人际交往是社会活动的一种重要方式；离开了人际关系，人的心理不可能健康地发展。

心理学家曾将猴子置于不锈钢的房子里，向它们提供一切良好的生存条件，但隔绝其一切交往活动。经过长时间的观察发现，被剥夺交往的猴子远比正常交往情况下的猴子有更强烈的恐惧反应，它们的情绪与交往行为也受到损害，精神上是不健全的。

对人的研究得出了类似的结论。孤儿院的儿童通常处于孤独状态，得不到父母、亲友的呵护、爱抚，更缺乏良好的社交机会,结果不仅智力低于同龄儿童,而且社会能力更差。他们要么对人冷淡、逃避,要么狂热地需要得到别人的爱抚。

《鲁滨逊漂流记》是一本引人入胜的文学名著。但人们或许不知道,鲁滨逊的原型是塞尔柯克,此人脾气暴躁,在航海中因与船长争吵而被滞留荒岛,孤独地生活了4年,当1712年返回家乡时,脾气更坏了。4年孤独的生活习惯使他看到别人就怕得要命,只能躲在无人的地方。结果在1721年,死于自己所挖的地洞里。

以上研究及事实表明,交往是人维持精神健康的基本条件,任何人也休想脱离与别人的联系单独生活。

然而,仅仅有交往活动还是不够的,还必须建立正常、和谐的人际关系,否则,充满矛盾冲突的人际关系同样损害人的身心健康。

人际关系和谐,人们相互理解、支持,大家经常处于愉快的情绪状态中,可增加安全感和力量感,从而为心理健康创造了条件。研究表明,在学校寄宿生中,同宿舍伙伴之间的交往状况往往决定一个学生对学校生活的满意程度。在同伴关系融洽的宿舍里生活的学生,相对说来,心理健康程度高,心情舒畅,专心学习,乐于交往与助人。

若人际关系不和谐,人与人之间的感情不融洽,甚至发生矛盾、冲突和仇视,彼此勾心斗角、相互倾轧,人们的心理压力便会增大,导致压抑、冷漠、猜疑、退缩、回避、畏惧、敌对等消极情绪和内心体验,严重地阻碍心理健康发展。

心理学家在解释精神障碍的原因时,特别强调人际关系的作用,认为人际关系与精神障碍联系十分密切。

人的心理和生理是不可分割的。不良人际关系还会通过心理作用威胁躯体健康。医学心理学研究表明，人际冲突与紧张，使人经常处于应激状态，不但可诱发高血压、心脏病、溃疡病等，还会导致免疫功能下降，给癌细胞的增殖和扩散以可乘之机。总之，人际关系与人的身心健康息息相关。

二、人际关系与职业成功

无论你今后走向何方，事业的成功都是你最为渴求的。任何一个人，不管他自身能力大小，没有周围人的帮助都无法成功。

北京某大学遗传工程专业的一位毕业生，迟迟未找到称心工作，后来与老同学聊天，谈到自己的专业分配难，碰巧这位老同学的一位朋友从事 DNA 指纹鉴定工作，经过这位朋友的介绍，使他很快找到了理想的工作。这种在交往中得到重要信息、从而改变自己前程的例子举不胜举。

某集团总裁原来是一位普通工人，改革开放后，他辞职当了个体户，但屡遭失败。他在绝望中醒悟，自己失败的根本原因是孤军奋战。从此，他潜心研究人际关系，并开展一系列公关活动。在与众多朋友的交往中，他捕捉到一条重要信息——对俄民间易货贸易。他很快付诸行动，在新老朋友的帮助下，用 500 车皮日用品换回了俄罗斯 4 架图－154 飞机，这使他的集团获利近 1 亿。

商场的沉浮与人际关系息息相关，科学的进步同样离不开交往活动。

数学家维纳，在哈佛大学每月一次的聚餐会上，通过与不同学科专家的广泛交流受到启迪，从而与他人合作创立了“控制论”。

阿波罗飞船登月成功后，当记者采访美国宇航局局长时，他讲了一句很耐人寻味的话:“我只有一句话可说,那就是我绝不允许同一专业的专家在一张餐桌上吃饭。”意思是,登月的成功绝不是只靠某一专业就能完成的,不同专业的人在一起交谈讨论,才会突破专业的壁垒,打开思路,收到奇异的效果。

随着计算机的高速发展,多媒体网络系统的日益普及,人们的交往联系越来越密切,越来越突破了对时空的界限。然而,在工作、生活中与别人不拘形式的交谈仍不失为最简单、最直接、最廉价的学习,并且可以活跃思想、启迪思维、激发创意。

我们所说的“交际”,并非指靠社会关系网钻营,更不是以权谋私,投机取巧。这种投机钻营是无法获得真正成功的,即使成功也是暂时的,遭人唾弃的。

每一位立志成才的青年人都应懂得交往的意义,学会交往的艺术。

三、人际关系与高质量的生活

人们在解决温饱问题之后,自然会渴望生活质量的提高。可是心理学家通过研究发现了一个有意思的现象,自本世纪30年代以来,人们的经济收入呈上升趋势,然而,对生活感到幸福的人的比例并没有增加。

近些年,国内涌现出一批“大款”,他们吃一顿饭可以花数万元,常常挥金如土。然而,调查发现,他们仍然难以摆脱得不到尊重或不能与别人建立深刻关系的烦恼,只得在灯红酒绿中填补空虚,排遣寂寞。也有人认为名誉、地位是幸福生活的关键,并不顾一切为之奋斗,孜孜以求。但是,当发现身边亲人离自己远去,周围的朋友越来越少时,才在孤独凄凉之中猛然醒悟：自己多年的追求只是一场空，没有人与人之间的真情，名誉、地位就失去了依托，成为毫无意义的东西。

十几年前，西方心理学家做过一个调查，发现良好人际关系对于生活的幸福具有首要意义。当人们被问到"什么使你的生活富有意义"时，几乎所有人都回答，亲密的人际关系是最重要的。如果与别人友情很深，就会感到生活幸福、有意义；反之，便会感到生活无目标、无动力、不幸福。在这些被调查者的回答中，人际关系的重要性远远胜过金钱、名誉和地位，甚至超过西方人十分看重的宗教信仰。

中国古代先哲早就体味到友谊所带来的幸福："李白乘舟将欲行，忽闻岸上踏歌声，桃花潭水深千尺，不及汪伦送我情。"这是多么令人心驰神往的境界！大家一定有这样的体会吧，与知己促膝长谈，或与好友嬉闹玩耍，你心中的烦恼与忧愁会一扫而空。当我们听到一个滑稽故事时，常想和别人共享幽默；当我们有了得意之作时，总想同亲人一块儿庆祝。

所以，走到朋友中去吧！若能找到真诚无私的朋友，并与他们友好相处，那将是人生最大的幸福！

第二节　提高交往能力，改善人际关系

对职高和中专生的调查发现，多数同学对自己的交往能力不够满意。他们有的感到自己人缘不好，不受人欢迎；有的抱怨自己交谈没有吸引力；有的不知如何处理与朋友间的冲突；也有人为自己的交际障碍而痛苦。

其实人的交往能力不是天生的，它同其他技能一样，有一个学习、训练的过程。然而，交往又不同于功课，与其说它是

一种技能、一门学问，不如说它是一门艺术，它需要人们根据自己的特点和交往的场合，灵活运用，创作性地进行思想、感情的交流，巧妙地建立和谐、融洽的交往氛围，实现交往目标。

一、改善自我形象，提高自身素质

大家都有这样的体会：初次见面，一个容貌端庄、举止潇洒的人会给人留下一个良好的印象；在单位里，一个人衣着整洁、温文尔雅，会赢得很多人的欢心，而那些不修边幅，满口脏话的人，常常遭人拒绝，这些都说明外在形象的重要性。人的外在形象内涵很丰富，主要包括容貌、身材、表情、服饰、姿态等方面。

生来就有好的外表自然很幸运，但并非长相不理想就无能为力了。比如，一些形体较胖的人可以通过锻炼，变得体态匀称；一些身材较矮的可以通过抬头挺胸的姿态训练使自己显得挺拔。当然，还可以借助服饰、表情、举止等改变自我形象。

服饰是人的外包装。如何穿着服装才能表现出魅力呢？有人提出以下三条原则：(1)服装要同人的形体相配，保持和谐统一。比如，圆脸人不宜穿圆领和方领，而以穿较长的椭圆形领子为好。(2)服饰要同人的年龄、职业、性格、教养等条件相称，保持表里一致。比如，工人的穿着要朴素、庄重、有力度；医务人员的服装应素雅、整洁等。(3)服装要同时间、场合、环境相适应，同那里的气氛、情调相吻合。如参加晚会可穿戴讲究，风流潇洒；喝喜酒时，穿着要有喜庆色彩，增添新人的欢乐。

面部是思想的荧光屏，各种复杂的心理活动无不在面部呈现出来。表情传达的信息是十分丰富的。在交际中，一方面要注意观察对方表情的变化,适时调整交谈内容,另一方面要借助表情,表达自己的感情,以便更好地沟通。要在交往中有好的表情,首先要培养一种好的心情,同时要喜爱、感谢、欣赏交往对象,才会有内心真情的自然流露。有些人,虽然内心热乎乎的,脸上却无一丝笑容,让人望而却步。如果你是这样,就有必要接受感情表达训练:先将身子挺直,做深呼吸,试着扬起眉毛,使两眼显得亮丽有神,再将嘴角上扬,整个脸上就洋溢出生动活泼的气息。这种表情若是翻译成语言,就是:“我很高兴见到你,”“我很愿意认识你。”当然与人交往要真诚,应将感情自发流露出来,才会造成轻松、和谐的气氛。

姿势作为一种身体语言,不断传达着各种信息。如低头不语表示不高兴、有心事;舒展双臂表示欢迎;猛一扭身表示不满等等。在交往中,要善于从对方的姿势中捕捉信息,及时调整交往的进程。例如,交谈对象坐姿后仰、全身松弛,表示他对交谈已经感到厌烦;若他不断看表,头往门外看,则表示他想中止谈话,你应主动告辞离去。有些人在交往中不注意自己的姿势,歪歪扭扭地往沙发上一靠,二郎腿高高翘起,让别人感到你对他不尊重;在人前挖鼻孔,抠耳朵,说话时张牙舞爪,唾沫飞溅等,也让人感到很别扭。如果一个人有这些坏习惯,即使他的身材容貌无可挑剔,也会令人生厌。

改善外在形象是赢得人际关系的重要方面,但只有良好的修养、素质才能赢得真正、持久的友谊。道德健康是健康人格的重要组成部分,也是一个人自立于社会的根本。人与人相交往,自然涉及利益关系,要处理好人与人之间的关系,就必须考虑他人的利益,处处与人为善,其最高境界就是毛泽东同志所说的“毫不利己,专门利人”。周恩来同志之所以能赢得亿万人民的爱戴,正在于他具有这种高尚的品格。

我们在日常生活中,一定要懂得关心别人。如在朋友生日来临之际,寄上一张贺卡,给他一个惊喜;同学或同事生病,可去探望一下,给以安慰。这虽是些点滴小事,却可为你的朋友带来巨大力量和温暖。

宽容忍让也是优秀的品质,尊重别人,要能容忍别人的缺点和不足,原谅别人的非礼和失误,不去无端议论、指责别人,更不诽谤污蔑别人。宽容别人的人,也往往能够得到别人的宽容和谅解;而对人要求苛刻,必然会引起矛盾和冲突,带来一系列烦恼、愤懑体验。“忍一忍,风平浪静,让一让,海阔天空”。遭人非议或自己利益受到触犯,不要动辄冲动伤人,而要眼光放远,以团结为重,泰然处之,化干戈为玉帛。古语说:小不忍则乱大谋。在小事情上不能忍耐的人,肯定成不了大器。现实生活中,许多人因为缺乏忍耐性,容不得别人点滴的非礼、嘲笑或讥讽,而造成人际关系破裂,甚至出手伤人酿成悲剧。当然,忍让要讲原则,有一定限度。不分青红皂白,一律退让,不仅不是有修养,反而是懦弱无能的表现。

除了应具备以上道德修养外,还应培养自信、坚毅、认真、负责、开朗、乐观等良好个性品质,无论你在哪里,无论你从事什么工作,这些素质都是与人相交的法宝,都是你的立世之本。

二、热情友善,真诚待人

假如你有两位朋友。到第一位朋友家时,主人对你的到来很欢迎,主动给你沏茶倒水,热情款待,十分高兴地与你聊天;而到第二位朋友家时,主人一丝笑容都没有,只是淡漠说一句:“来啦,请坐。”便忙他自己的事去了。那么,你以后到谁家做客,选择谁做好朋友呢?这是不言而喻的,这就是热情的作用。

热情是一种较高级的情感形式,是对某种事物肯定的、强有力的、稳固而深厚的情感反应形式。热情是一个人在交往中发自内心的兴奋,是情绪的激昂,是对他人的悦纳而表现出的友好,因而它散发着人格的魅力,是一种强烈的人际吸引因素。

心理学家将描写一个人特征的七个形容词表格,呈现给学生看,让他们对具有表格上特征的人进行评价。当研究者将表格上的“热情”换成“冷漠”后,发现学生们的评价有了根本改变。而其他两个特征,比如“文雅”换成“粗鲁”就远没有这种效果。可见,热情在情感评价中具有核心作用。

热情具有一种感染力,热情会得到热情的回报。比如,你出差到外地,偶尔遇到老同学,如果你满腔热情,十分快乐地握手、问候,对方定会报以热情的态度,主动邀请你到他那儿做客,尽可能为你提供帮助。相反,如果你对他简单应酬一下,他肯定会对你很冷淡。

国外一位著名成人教育家把热情称作“内心的神”。他说:“一个人成功的因素很多,而居于这些因素之首的就是热情。没有它,不论你有什么能力,都发挥不出来。”事业上如此,在人际交往中也是这样。

既然热情这么重要,那么在交往中如何表现出热情呢?

第一,必须充满生机和活力。首先要坚持锻炼,强健体魄是旺盛精力的源泉;其次要热爱生活,有广泛的兴趣、爱好。只有自身充满活力,情绪振奋,兴致勃勃,才能对人满腔热情。

第二,对人充满爱。热情的魅力在于它是爱心的自然流露，内心充满爱的人，他的一举一动，言谈说笑，无不透出迷人的魅力；而对人怀有敌视和恶意的人，无论怎样伪装也表现不出真正的热情，而只能给人一种虚伪的感觉。

第三，善于表达自己的感情。感情只有表达出来，才能影响别人。有些人因为内向怕羞而不善表达自己的热情，给人以冷漠无情的印象。这样的同学应接受自信训练，培养勇气。同时学习一些交往技巧，懂得如何借助语言和体态表达自己。

第四，尽可能为朋友做些事情。在生活中，朋友总会遇到困难，向他伸出一只热情的手，定会给对方以温暖。别人定会对你的热情涌泉相报。

你不妨从点滴小事做起，与人打招呼，要主动，友好，充满活力；与朋友打电话，要用愉快、关心的口气等等。渐渐地，你就会成为热情友善、人人欢迎的人。

热情是迷人的，但它必须是发自内心的。在交际中，任何优秀的品质，若没有真诚的内核，就会失去它特有的光彩，甚至起到反作用。

国外一位心理学家列出了 555 种描写个性的形容词，然后让人们指出他们所喜欢的品质是什么，结果发现，最受欢迎的个性品质是“真诚”。

在日常生活中，真诚总会打动人心。北京郊区某医院前几年从外地招来了几位大学生，这几位学生一进医院就傻了眼，医院条件比他们想象的差远了，于是横下一条心：回本省重新分配。医院领导并没有强留他们，而是耐心帮助他们分析去留的利弊，还放弃休息时间，解决他们生活上的困难，甚至答应他们，若坚持回去，单位将派车送行，并帮助办妥一切手续。这几位大学生终于被单位领导的真诚感动了，流着泪说："我们遇到了这么好的领导，生活上再苦也认了！"

真诚之所以在人际交往中有巨大的作用，就在于它让人有一种被接纳感，被关怀感，让人体验到人世间最珍贵的感情，使人对自己的处境感到安全放心，并对未来满怀信心，充满希望。

人际关系专家十分重视真诚在为人处世中的作用，强调要"真诚地对别人感兴趣"，"真诚地赞赏别人"，"真诚地对人微笑"，"真诚地为别人着想"等等。就拿"赞赏别人"来说，真诚地赞赏别人是表示——"我很认同你，很欣赏你"，别人会把你的言语珍藏在记忆中，终生不忘。而不真诚的赞赏，会让人很难堪，有一种被愚弄的感觉，甚至会提防自己被利用。

近年来，随着市场经济的发展，一些虚假的东西也跟着冒了出来，伪劣商品，伪造协议，失真的报道，欺骗的言行让人们晕头转向，无所适从。越是这种情况，人们越是呼唤真诚，渴望真诚。此时，谁若能保持真诚的心灵，谁就更易结交到朋友，赢得人们的好感。

同学们还处于个性形成的关键阶段，一定要牢记"精诚所至，金石为开"，欺骗虽可一时得逞，但终会遭人唾弃，要努力塑造真诚的个性品质，这会使你受益终生。

三、讲究与人交往的艺术

交往中，除了掌握基本的交往原则，培养基本的交往素质外，还应讲究与人交往的方式方法。好的方法事半功倍。交际方法并不神秘，它仅仅是一种行为习惯。

1.重视交往的第一印象。

初次交往时，有的人畏畏缩缩，不知如何应对；有的则随随便便、简单寒暄几句就敷衍过去了；有的边握手边东张西望,试图寻找更有趣的去处,让对方感到很不愉快。

社会心理学家十分重视交往最初阶段,并提出了第一印象的概念,强调在与陌生人交往中最初印象的重要性。在接触的最初几分钟,对方会试图捕捉你身上发出的每一信息,除了外部特征外,还感知到了你的情绪、态度和人格,形成第一印象,它对后来获得的有关你的信息的理解与组织,有着强烈的定向作用。在充满竞争、讲究效率的现代社会,尤其在商界,交涉的成败很大程度上取决于别人对你的第一印象,取决于你在最初几分钟的表现。印象好,对方就会信任你,与你合作;印象不好,人家就会拒绝你,使你痛失良机。

那么,与人初次交往应注意什么呢?

在见面前,应检查一下自己的外表,如头发是否整齐,服饰是否得体等等。在交往中,要运用好自己的体态语言,注意行为举止。不是发自内心的勉强笑容,握手轻飘无力,目光偏离,听人说话时注意力分散等等,都会影响别人对你的感觉。

在与人初次见面时,还应表现出热情、友好,对别人有兴趣。一般说来,人们喜欢那些喜欢自己的人。表现出自信也很重要,自信给人以力量感,但是自信不是自负,不能狂妄自大。另外,应懂得理解,体谅别人,明白每个人都有自己的需要、忧愁和希望。

2.多谈别人感兴趣的话题。

在交往中,双方的信念、价值观、态度、兴趣、爱好及背景越相似,越能相互吸引。因为两人之间相似,会缩短彼此间的心理距离,易于产生感情上的共鸣,有一种平衡感、和谐感,在这种心理气氛中会有说不完的话题。

“物以类聚,人以群分”。两位都爱好文学的青年,走到一块儿谈天论地，十分畅快淋沥，友谊自然加深。相反，一位一心读书做学问，一位只想经商淘金，在一块儿交谈话题便很难深入下去，一个认为对方太庸俗，另一个则认为对方太古板。

所以，在人际交往中，要注意找到双方共同感兴趣的话题。一位青年学生在火车上邂逅一位中年知识分子，这位同志冷漠严肃，少言寡语，年轻人迫于旅途的单调乏味，勉强询问了中年人几句，得知他是搞计算机研究的，于是请教了几个课堂上遇到的计算机问题。不料，这位学者顿时兴奋起来，神采飞扬、滔滔不绝地讲了许多计算机知识。青年人不但在旅途中获益匪浅，而且还结交了一位计算机专家朋友。

可见，谈别人感兴趣的话题，可以激发对方的热情，增加对你的接纳和喜爱。如果你谈的内容对方一无所知或不感兴趣，他就会感到厌倦、无聊，甚至感到受冷落，双方就很难继续交往下去。

为了结交更多的朋友，我们有必要扩大自己的知识面，培养自己多方面的兴趣、爱好，同时善于观察、判断交谈对象感兴趣的话题。美国总统罗斯福在这方面堪称行家里手。凡拜访过罗斯福的人，无不对他广博的见闻佩服得五体投地。不管是政治家、外交家，还是西部牛仔、小市民，他都能找到适合对方身分的话题，彼此愉快地交谈。他的秘密在哪里呢？原来，当罗斯福知道谁将来访时，便提前查阅和当事人有关的资料，使双方拥有共同的话题。

3.学会赞赏别人。

心理学的研究发现，人们总是倾向于喜欢那些在心理上能给自己带来快乐的人。我们要想得到他人认同，首先必须喜爱他人，赞赏他人。

一位著名心理学家说:"人类本质中最殷切的需求是:渴望被肯定。"为了得到肯定,有人可以呕心沥血,有人可以舍生忘死,有人可以一掷千金。有时仅仅为了别人一句赞美,人们愿意付出最昂贵的代价。可见,人们多么需要别人的赞扬。

我们很多人不习惯于赞扬别人,认为赞扬别人自己就相形见绌了。其实,根据相悦性原则,赞扬别人只会让别人更喜欢你,更看重你。

当然,也有很多时候,我们懒得动口,比如看到清洁工将周围环境打扫得干干净净,认为这是他们本职工作;看到饭店服务员招待得非常热情周到,觉得这是应该的。可是,要知道他们的工作单调、乏味,需要何等的毅力和辛劳。真诚、慷慨地表扬他一句,对你来说,毫不费劲,可会给他的内心留下一片温馨。为他枯燥的工作融进很多安慰与快乐。生活中大量事实证明,人们在受赞赏的情况下,比受指责的情况下更能发奋工作、学习,成绩也更好。赞赏别人往往可以奇迹般地改变一个人。心理学家做过这样一个实验:从某学校挑出了一个既笨又丑的姑娘,姑娘对自己完全失去了信心,因此,在生活中显得毫无光彩。研究者让同学们把她当作美丽、聪慧的姑娘对待,于是大家都很尊重她,常常夸赞她。结果不到一年,姑娘发生了巨大变化,变得充满自信,高贵文雅,亭亭玉立了。可见,适当地给别人以赞美,对于帮助人们树立自信心,改善其精神面貌是何等重要。

赞扬的前提是能看到别人的长处。有些同学抱怨与人交往感到困难,其实,你只要仔细观察就不难发现别人的特长、爱好,对此加以肯定和赞誉,就会缩短你与对方的距离,从而结识到朋友。

即使在最亲密的人们之间，也需要经常相互肯定和表扬。因为这样做，不仅可以激发对方的动力，而且可以使对方感到更幸福，使双方关系更融洽。托尔斯泰说得好："就是在最好、最友善、最单纯的人生关系中，称赞和赞许也是必要的，正如润滑油对于轮子是必要的，可以使轮子转得更快。"

当然，赞美必须发自内心。虚情假意，溜须拍马，只会令人反感，遭人厌弃。

4.把握交往的深度。

心理学家发现，良好人际关系是在人们的自我暴露水平不断增加过程中发展起来的。随着相互关系的增进，我们会越来越多地暴露自己，同时也要求别人越来越多地暴露他们自己。可以说，自我暴露水平是交往深度的一种标志。

自我暴露水平可分为以下几个层次：最表层是兴趣、爱好；第二层是态度，如对某人的评价及对事物的看法等；第三层是自己与别人的关系及自我概念，如我们与父母的感情、个人的自卑体验等，这是不愿轻易向别人吐露的属于最深层的自我，是我们常说的隐私，如曾有过的犯罪念头，第一次性体验等，这些我们可能一辈子不会说出去。

通常，我们所交往的对象按亲密程度可以分为陌生人、熟人、亲密朋友和亲人。对于陌生人，自我暴露水平是极为有限的；对于熟人，自我暴露的深度和广度会增加；对于亲密朋友和亲人，自我暴露水平可以很深。当然，每个人都有保护自己隐私的权力，即使对自己的父母、情侣也未必完全敞开心扉。相反，适当有所保留可以省去许多麻烦，并增加神秘感和吸引力。

在交往中若想与别人由相识到建立良好关系，就必须彼此信任和接纳,这就需要相互暴露自我,但这不意味可以随便向别人吐露心声。许多同学反映不知如何选择朋友,这说明大家已经认识到择友的重要性。孔子早就指出朋友有两种类型:“益者三友,损者三友。友直,友谅,友多闻,益矣;友便辟,友善柔,友便佞,损矣。”现实生活中,许多人是在益友的帮助下走向成才之路的;而对吸毒者、罪犯者的调查发现,他们多数是在损友的影响下坠入泥潭的。所以,对那些品德不好、意志消沉、低级趣味的人,应避免接触,实在回避不了,千万不要过深交往,点头之交就够了。而对于那些好学上进、正直诚实的人,可以逐渐深入地暴露自己,不妨讲出自己的看法、自己的追求、自己的喜怒哀乐,征求对方的建议,接受指点和反馈,在相互鼓励、相互帮助中共同提高。

5.学会变换自己的角色。

角色理论指出:生活就像一个大舞台,我们每个人都在上面扮演着一定的角色。随着时间、场合的变化,交往对象的改变,我们扮演的角色也不断地变换。例如,在父母面前,你是儿女;在商店里,你是顾客;在老师面前,你是学生;在大街上你是行人。

我们应该建立起交际中的“角色意识”,只有具备了“角色意识”,才能在交际中适时地变换自己的角色,获得交际的成功。

每个人一生都要扮演各种各样的角色。善于变换角色,扮演好自己的每一个角色是适应社会的基本要求,也是建立良好人际关系的必备条件。一个刚刚走向社会的青年,来到社会后,周围人就会用职工的标准衡量你、要求你,若你没有扮演好这个角色,就会遭到同事的批评。一个人结婚后,就要扮演好妻子或丈夫的角色,要对丈夫或妻子尽义务,对家庭承担责任,否则就可能酿成夫妻矛盾。有些青年人在单位总是同领导作对,其实,领导不同于一般熟人或朋友,你在领导面前扮演着下级的角色,下级有义务服从上级。你服从的是他的职位,而不是他个人,这与你对他的主观感受应区别开来。

变换角色就是自觉适应环境,明白在各种具体场合下别人期望自己做什么,并努力按要求去做好。这样,不仅能带来人际关系的和谐,而且也能使自己减少许多烦恼和痛苦,保持乐观、平静的心境,活得更潇洒,更自在。

第三节　人际交往障碍的矫治方法

在现实生活中,许多人存在交际困难,甚至有不同程度的交际障碍。他们要么不想与人交往,要么不敢与人交往,要么不善与人交往。他们自己痛苦,也把别人搅得心情不快。交际障碍的类型很多,诸如社交恐惧、猜疑、嫉妒、孤僻、害羞、自卑、焦虑、易发怒等等。

具有上述障碍的人,即使懂得很多交往的技巧,也很难同周围人正常的交往,严重影响自己的工作、学习、生活,影响与别人交流、合作。这些人只有首先突破交际障碍,才能建立起良好的人际关系。

一、常用的心理矫治技术

心理治疗的方法有很多,比如从认识上加以调整的认知疗法;从行为上给予矫正的行为疗法;有试图挖掘求助者深层心理世界的分析疗法,等等。这些方法都可以用于克服交际障碍。

心理学家还发明了大量专门用于克服交际障碍的技术，如敏感性训练、自信行为训练和社交技能训练等。另外，行为治疗中的系统脱敏法对克服交际障碍也十分有用。下面分别加以介绍。

1.系统脱敏法。

系统脱敏法是一种十分重要的行为治疗技术。应用在交际障碍上，就是针对人们在交往中存在的恐惧、焦虑、紧张、害羞、易发怒、古怪小动作等不良行为进行渐进式的调整，使其逐步适应环境，能正常地从事人际交往活动。

系统脱敏法一般有以下几个步骤：

第一步：放松训练。在安静整洁的环境里，尽量舒适地坐好，闭上眼睛，做几次深呼吸，再做肌肉训练，先体验紧张的感觉，然后寻找放松的感觉，并体验与保持这种感觉。肌肉训练的顺序是手臂、前额、眼睛、嘴巴、颈部、肩部、胸部、腹部、腿部等等。做完后全身均进入松弛状态。放松训练可以在心理教师的指导下或借助放松磁带进行，熟练后亦可独自进行。

第二步：将困难情境按强弱排序。系统脱敏就是让受训者在放松状态下逐步接近平时难以应付的敏感情境，以此逐渐消除过敏症状。比如，某同学因胆怯难以与人交谈，他的问题可由轻到重排列如下：①与父母交谈；②与好朋友交谈；③与陌生人交谈；④与权威人物交谈；⑤与异性交谈。

第三步：实施脱敏。有两种脱敏途径，一种是想象脱敏，即在放松状态下想象自己处于较轻的敏感情境，当轻微的敏感问题克服之后，再想象较重的敏感情境直至最重的敏感问题得以解除。另一种是现实脱敏，即在现实环境中进行训练，也是按照由浅入深的办法进行。比如你害怕与某人交往，可以在早晨刚睡醒或感到轻松愉快时想象着与他交谈，然后在现实生活中逐渐增加与他的接触，同时在交往中放松肌肉。坚持下去会有意想不到的收效。

2.敏感性训练。

由 5～15 人组成小组，在一名心理教师指导下进行人际交流训练。

在活动之初，小组成员先谈一谈自己参加活动的意图，想要克服的交际障碍及追求的目标。随着交流的深入，成员们渐渐了解到别人对自己的表现和问题是怎样反应的。当团体内真诚气氛建立起来后，每个成员都必须暴露真实的自我。于是，每个人都会感觉到并接受自己的真实体验，从而深入了解自己。在这同时也可以准确地了解别人的内心世界并学会如何评价别人的行为。而且，每个人还学会了与人合作、解决人际冲突、与人坦诚交往等技能。这样，小组成员的许多人际障碍、交往问题就会迎刃而解。

这种训练对于自卑、自负、孤僻、嫉妒等人际障碍均有良好效果。如果你没有机会接受这种小组训练，可以多参加集体活动，如社团活动、课外活动小组等，在与其他人的互动中完善自己的交往能力。同时可以结交几位真诚善良的朋友，互相倾诉心里话，亦会受益无穷。

3.自信行为训练。

自信训练对于害羞、孤僻、退缩、回避、胆怯等人际障碍有较好效果。

你若有以下情况，就有必要接受自信训练：

(1)在与人交往时，由于怕惹对方不高兴，往往不敢按自己的本来愿望行事，不好意思拒绝别人。

(2)虽然十分喜爱自己的朋友,但总是羞于表达自己的爱慕之情。

(3)在娱乐场合,虽然感到十分乏味,但不好意思离去。

(4)如果营业员花了很多精力帮你挑选商品,即使你对商品不满意,也违心买下。

(5)遭到严重非礼,自己怒火中烧,却不敢表现出来。

中国传统文化鼓励忍让、克制,这是维系良好人际关系的法宝。但是凡事都有限度,如果处处克制、时时忍让,常常会产生挫折感、压抑感、愤怒感,不但会促使对方得寸进尺,而且不利于个人心理健康。

自信行为训练的常用方法有三种:角色扮演、模仿及强化与指导。

角色扮演是创设具体情境,让受训者通过扮演某些角色来培养某种行为习惯或获得某种经验。如,某位男青年不敢同上司讲话,可由一人扮演他的老板,让这位男青年练习对他讲话,以消除其恐惧,培养自信心。

模仿是请有自信表现的个体为榜样,让受训者跟着学习。如在上例中,可以指定一人表演如何向上司汇报工作,如何对上司提出要求,让受训者一点点模仿。

强化与指导是对受训者的行为表现给予点评、反馈,提出表扬、鼓励,以增强其自信心,提高其积极性。

建立自信行为对克服一些人际障碍,塑造良好性格特征,改善社会适应能力是十分有益的。但是自信行为的表达应注意时间、场合,不可滥用。

4.社交技能训练。

针对个体交往技能的欠缺对其言语及非言语行为进行具

体的指导、训练，以增强其交往技能，改善其社会适应能力。

言语行为指说话的内容、用词造句的艺术。语言表达能力强的人，可以用简洁的话语将复杂的思想清晰明白地表达出来，相反，语言能力差的人，讲了一大堆话，却让人摸不着头脑。

在人际交往中，言语沟通会伴随副言语以及其他非言语手段。副言语包括音量、语调、语速、节奏等，辅助着言语的表达，同一句话加上不同的副言语，就可能有不同的含义。此外，目光接触、面部表情、手势、姿势、人际距离等非言语行为，不断向对方传递着各种复杂信息，它在人际交往中十分重要，却易受到忽视。

社交技能训练所采用的技术和形式类似于自信训练，但训练目的和侧重点不同。

有位女孩，与周围同学相处不好，特别是男同学很讨厌她，当面骂她“恶心”。她自卑、孤独，找心理老师咨询，希望提高学习成绩，以赢得别人的尊重。老师在交谈中发现她头发乱，衣服脏，讲话声音刺耳，目光不敢与人对视。于是，巧妙地点出她的不足之处，并采用角色扮演技术改善她的行为。经过一段时间的努力，这位女同学的外表大有改观，交往能力也有了长足的进步，不但赢得了一些人的好感，而且成绩也有所提高。

有些人讲话过快、声音太高，好像与人吵架，会给人以不友好或不成熟、不可靠的印象。在社交技能训练中，教他们采用平稳、略低的语调发声，保持适宜的语速，往往可以改变给别人留下的不良印象。

在一般职业学校中，没有专门的心理老师进行社交技能指导,同学们可以从电视和电影中学习社交礼仪,还可以在日常生活中注意观察,相互纠正不良的言语习惯和非言语行为,改善交往技能。

二、常见社交障碍的克服方法

根据对中专与职高学生的调查,社交恐惧、孤僻、嫉妒、猜疑四种交际障碍最为常见。对此,除了可借助上述心理技术矫治外,还可采用一些更有针对性的办法加以克服。

1.社交恐惧。

指在社交中出现的一种带有恐惧色彩的情感反应。最大特点是怕见人,跟人交往时害羞脸红,说话紧张,不敢看对方眼睛,甚至回避任何交往。

社交恐惧有的属于气质性恐惧,比如抑郁气质类型的人,性格内向,敏感多疑,害怕与人交往。有的则因为儿童时期遭意外挫折,成年后会演变为恐惧症。如一位小男孩出于好奇,扒一位小女孩的内裤,遭到家长的痛打,后来在高中时,偶尔瞥见一位女同学的内裤,顿时产生一种莫名的恐惧和冲动,从此不敢看这位女同学,并发展到不敢看所有的女性。也有人是过分关注别人的评价,总怕别人发现自己的弱点或自己讲话伤了别人,留下不好印象,因而不敢与人交往。还有的人是自幼社会交往少,长期独处,已经习惯,一旦与人交往,就打破心理平衡而引起恐惧。

为了克服社交恐惧,可从以下几方面入手:

第一,明确自己恐惧的原因是什么,是气质原因,还是挫折经历等等。找到原因,才能对症下药。有时仅仅找到原因,就可以大大减轻恐惧症状。

第二,改变个性中的不良气质因素。抑郁气质在交往中给人紧张呆板的感觉,会令人不愉快,反馈回来,本人就会更加紧张不安,造成恶性循环。为此,在开始交往时,不妨将注意力完全集中于自己该说什么,该做什么,而不去顾忌别人的反应,这样在交往中就会处于主动地位,形成自我体验的良性循环。气质虽受先天因素影响较大,但并非完全不可改变。而且,通过努力可以扬长避短。

第三,克服完美主义倾向。追求完美是一大误区。每个人都有缺点和不足,总想给别人留下一个好印象,就会永远得不到满足和快乐,所以应顺其自然,对他人和自己都不要求全责备。

第四,强行将自己置于社交情况下,迫使自己交往,在做中学习。开始可能很难堪,但时间长了就会交往自如。

对于严重的恐惧反应,可运用前面介绍的系统脱敏技术并配合自信训练加以矫治。若个人无力解脱,可去找心理医生。

2.孤僻。

社交恐惧是害怕与人交往,孤僻是不愿与人交往,其表现为不随和,不合群,封闭自我,独来独往。

人是一种社会性动物,天生有一种合群倾向,喜欢同其他人在一起,希望得到他人的关心,需要友谊,需要爱情,需要交往。

然而,现实中有些人由于种种原因而不愿与人交往,归纳起来,大致有以下几种情况:

(1)不能正确地评价自己。人们的自我评价大多以周围人的评价为参照标准,而孤僻者却无视他人的看法,对自己评价过高或过低。自我评价高,孤芳自赏,自命清高,当在人群中找不到这种感觉时，便退缩到自我的小圈子中。自我评价过低，感到低人一头，同别人在一起压抑，于是宁愿自己独处。

(2)生活中的重大挫折，特别是童年时的心灵创伤。儿童在长期消极心境下，如父母不和或离异，父母对孩子管教过严，或过分保护，都易导致孩子的孤僻性格。

(3)兴趣爱好贫乏，与周围人缺少共同语言，或过分沉迷于自己的嗜好，而很少与人交往。

(4)交往技能不足，在与人交往时处处受挫，于是日益退缩、孤僻起来。

如何克服孤僻呢?

第一，改变性格。孤僻者往往有性格上的弱点，一般表现为内向、固执，我行我素，喜欢独处等。前面的自信训练、敏感性训练都是改变性格的行之有效的办法，但最实用的办法是投身到交往活动中去体验交往的乐趣，锻炼交往的能力，时间长了，自然会有所改善。

第二，摆好自己的位置。要敢于面对现实，客观地了解别人如何评价自己，不要孤芳自赏，更不要盲目自卑。只有正确地认识自己，在走向人群时，才会感到坦然。健康的交往是双方平等，在尊重别人同时保持自尊，这样，就有望走出自卑或清高的误区，摆脱孤僻之苦。

第三，综合矫治，因人而异。由于孤僻产生的原因很复杂，有的由单一因素引起，有的由多种因素促成，所以应区别对待。比如，幼年时受过精神创伤，就不妨请心理教师进行分析治疗；因技能欠缺而回避交往的可以在老师帮助下进行社交技能训练。另外，孤僻者也可以从自信训练和敏感小组训练中获益。

3.嫉妒。

嫉妒是指在社会交往中,发现自己在才能、名誉、地位或境遇等方面不如别人而产生的一种由羞愧、愤怒、怨恨等组成的复杂情感。

爱嫉妒者一般心胸狭窄,容不得别人越过自己,看见别人进步或取得成绩,不是高兴和迎头赶上,而是无端攻击和诽谤。这种妒火有百害而无一益,它不但给对方造成伤害,而且折磨嫉妒者自己的心灵。巴尔扎克说过:"嫉妒者比任何不幸的人更为痛苦,因为别人的幸福和他自己的不幸,都将使他痛苦万分。"所以,我们要自觉地摆脱嫉妒的困扰,一方面克服自己的嫉妒感,另一方面学会应付他人的嫉妒。

第一,以竞争代替嫉妒。别人比你强,你感到心理不平衡,就化作动力,依靠自己的才智,堂堂正正地超过对方,这既无损于他人又有益于自己。

第二,不要只顾自己进步,不妨伸出援助之手,向人介绍一下自己的成功体验,提供一些有益的信息乃至一些实际的帮助。

第三,全面看待自己和他人。"尺有所长,寸有所短"。看到自己的长处和优势,增强自信,便不会嫉妒他人。比如,同桌口才好,非常惹人喜爱,你自愧弗如。但你不妨多想想自己诚实守信,能赢得同学的持久的喜爱和欢迎,这样,心理就会平衡。

第四,主动与对方交流。受到他人嫉妒时,许多人往往轻蔑、厌烦、回避对方。其实,你不妨主动找对方谈谈心,帮助他调整注意中心,诚恳指出他的优势和自己的不足,用真诚和友善缓解其嫉妒感。

第五，以积极方式消除威胁。你所嫉妒的人往往在某些方面给你造成了威胁。你可以通过努力超过对方，或扬长避短，以己之长胜其之短，消除威胁影响。相反，你若妒火中烧，甚至伺机报复，只能害人害己。

第六，越是成功，越要尊重别人。你之所以受到别人嫉妒，往往是由于你给别人造成了威胁，当然这证明了你的实力和贡献。但是，你若一味无视别人的嫉妒，也会给自己带来一系列麻烦。所以，你不要咄咄逼人，凡事都争个高低。你越是有所成就，越要谦虚谨慎。

第七，加强修养，开阔眼界。嫉妒感严重的人往往有个性缺陷，目光短浅，气量狭小，自我中心，情绪不稳定，易受外界影响。所以，有必要加强修养，重塑个性。要把眼界放开一些，看到别人做出的成绩也会推动本单位的发展，也有利于整个人类的进步。这样，你就会为他们的成绩感到欣慰，“心底无私天地宽”。

第八，应看到嫉妒是一种变相的恭维，是以曲折的方式认可自己的成功，所以不必对嫉妒愤愤不平。

另外，敏感小组训练及社会技能训练也可用于克服嫉妒心理。

4.猜疑。

猜疑心是一种由主观推测而产生的不信任的复杂内心体验。一个人猜疑心过重，对谁都不信任，对什么事都不放心，整天疑心重重，便会成为社交障碍。

在社会中，心存一定猜疑是有益的，属于一种自我保护行为。但猜疑心过重则不好，在没有任何证据的情况下胡猜乱想，这种情感体验一旦形成，知觉就会出现偏差。“疑人偷斧”

的故事形象地反映了猜疑者的心理误区。他们首先要下结论,而后只摄取那些支持自己观点的信息,从而越看越像,更加信以为真。猜疑者不仅自己痛苦也会挫伤别人的感情。例如宿舍中若有一位同学猜疑过重,室友就会感到很别扭,平时不敢随便开玩笑,一举一动都很拘谨。

如何消除猜疑呢?

第一,要改变自己的思维方式。遇事不要主观臆断、先入为主,而应学会先观察,引进正反两方面的信息,然后分析、判断,再得出结论,并且要善于用事实检验论断,勇于推翻原有论断。

第二,要学会调节自己的情绪。猜疑者往往凭感情用事,一旦怀疑别人时,冲动的情绪就会使他只看到单方面的信息,巩固了错误推测。所以,在情绪激动时,不妨转移一下注意力,做一些其他事情,等冷静下来后再进行分析、判断。

第三,要培养自信心。自信心是对自己实力的认可,是必胜的信念,是立世之本。树立了自信心,就不会胡乱猜疑别人了。

第四,要客观了解他人。猜疑者不信任别人,而不信任往往来自于不了解。所以,应学会观察他人、了解他人,同时听听周围多数人的评价。当你了解到对方是正直、善良的人,就不要随便怀疑人家了。

最后需要指出,被怀疑者应正确对待来自别人的怀疑目光。受到怀疑,自然令人很不舒服,若你感情用事,讽刺挖苦,与对方争吵,会把事情搞得更糟。正确的做法是坦然处之,暂不理睬,忍耐克制,让事实说话,相信时间会说明一切。当然,原则性的问题例外。

第九章 学习、择业与心理健康

职业技术教育是教育与国家经济建设的一个重要结合点，是将人力资源转化为人才优势，把人才优势转化为现实生产力为社会主义建设服务的重要桥梁。在我国，进入职业学校学习的学生，通常是接受了 9 年义务教育之后的青少年。实际上，同学们在初中即将毕业的时候，已经进行了人生旅途的第一次择业。进入职业学校则是将第一次择业付诸实践的开端，经过 3 年或 4 年的学习生活，最终毕业走上社会。在这一阶段，同学们要经历生理发育、心理发展的重要时期。下面将主要从学习、择业与心理健康方面为职业学校学生提供一些尽可能的帮助和建议，期望同学们身心健康发展，成为有益于国家的人才。

第一节 学习中的心理问题

一、学习与心理发展

在个人的生活历程中，学习对个人发展的影响，远远超过生理成熟及先天遗传因素对个人发展的影响。随着人类社会的发展，学习在人类生活中的作用也就愈突出，学习的社会意义也就愈显著，特别是当人类进入信息社会后，掌握信息至关重要，不学习就无法生活。“活到老，学到老”是应该牢记的至理名言。

学习与心理发展的关系是相互制约、相互促进的。学生心理发展的已有水平为学习提供必要的心理基础和可能;而学习又使心理发展的可能变成现实,从而促进学生心理的发展。这就是学习与心理发展的辩证关系。人的心理活动的内容是客观现实的反映。职业学校学生在学习活动中的感觉、知觉、记忆、思维等心理过程将具有明显的专业特征。从年龄特征上来说,正处在青春发育期向青年期过渡的阶段,因此,心理活动也有别于少年时期,同样会影响到学习。

1.感知方面的发展。

感觉和知觉都是当前事物在脑中的反映,其差别在于:感觉是对外界事物的个别属性(如颜色、气味、温度等)的反映。知觉是对事物的各种属性、各个部分及其相互关系的综合的、整体的反映,因而知觉受人的各种特点的制约。一个人的知识、兴趣、情绪等等都直接影响着知觉过程。不同的人对于对象的知觉的完整性和准确性往往是不同的,甚至同一个人在不同时间对于同样对象的知觉也可能是不一样的。职业学校学生的感知、观察能力,由于受专业课学习的影响,在目的性、持久性、精确性和概括性上有显著发展。随着学习动机的激发和智力活动自觉性的提高,同学们逐步学会根据教学和实验、实习任务的要求,较长时间地、集中地观察要认识的事物;在为了完成学习任务必须观察自然现象或社会现象时,同学们不仅能感知事物的外部特征,而且能抓住事物的主要特征和本质特征,更加全面地感知事物。例如家用电器维修专业,通过有关课程的学习,同学们对收录机的性能与分类、工作原理等,不仅在视、听觉方面形成感知能力,而且能够通过感知对有故障的收录机形成判断,从而修复故障。

2.注意方面的发展。

注意是指人的意识对来自于外界刺激的选择性。注意可划分为集中性注意和分配性注意两种,集中性注意是指人们在面临两种或两种以上的刺激输入时,必须选择其中的一种信息,并对这种信息作出反应,而对其他的信息则不进行加工和反应。分配性注意是指人们在面临两种或两种以上的输入信息时,必须同时注意这些刺激,并作出相应的反应。职业学校的学生在专业学习的过程中,这两种注意的水平都会有明显发展。虽然注意活动不是感觉、知觉、记忆、思维和动作本身,但它始终伴随并组织各种心理过程和动作进行。

某些专业技术课程的训练内容要求同学们集中注意力,观察事物的某一侧面或精细地操作某一工作物。例如,机械制图的绘图、烹饪课的刀工、电子技术课的元器件测量等。这些内容都能形成和发展集中性注意。还有些技术过程要求同时运用不同类的机能或动作,这也训练了同学们同时将注意力分配到几个事物或现象上去。如驾驶学校学生练习驾驶汽车,这一过程要求他们同时把注意力分配到汽车的方向盘(手控制),油门或刹车踏板(脚控制)和路面情况(目视)三个方面,即要求运动觉、视觉机能同时活动,忽略任何一方面就不能协调地驾驶汽车,也就会出现问题。

3.记忆方面的发展。

记忆是人脑对过去经验中发生过的事物的反映。有了记忆人才能积累经验,扩大经验。记忆是心理在时间上的持续,有了记忆,先后的经验才能联系起来,使心理活动成为一个发展的过程,使一个人的心理活动成为统一的过程,并形成其心理特征。

在记忆方面,青年初期的学生的记忆力达到一生记忆力的“黄金”时期。对于需要学习的知识、技能,同学们逐渐学会根据不同的教材内容,自觉地提出短期或长期的记忆任务。并且,比起儿童、少年,在单位时间内记忆的内容多。研究表明,在相同时间内,高中一、二年级的学生对学习内容的记忆比初中一、二年级的学生多一倍,比小学一、二年级的学生几乎多四倍。同时,同学们理解记忆的能力随年级增高而不断上升,相反,机械记忆的比重随年级增高而逐渐减少。

记忆是经验的保持,但是这种保持不能理解为像在保险柜或冰箱中那样的保存。在多数情况下,识记都要经过复习。我们学习过的东西,如果经常复习,就可长期不会忘记。因此,同学们千万不能自持年轻记忆力强而忽视复习的重要性。

4.思维方面的发展。

思维同感觉和知觉一样,是人脑对客观现实的反映。不过,感觉和知觉是对客观现实的直接反映,而思维是对客观现实的概括的、间接的反映。

在思维方面,学生的思维品质,在初中阶段独立性、批判性、自觉性有显著增长,但还容易产生片面性和表面性,高中阶段向着思维的深刻性、组织性方面进一步发展,并在一定程度上克服了初中阶段思维的片面性和表面性。高中阶段的学生喜欢独立思考,追求创新,鄙视陈腐之见或浅薄的认识;日益学会辩证地看问题。思维能力比较明显地从初中阶段的“经验型”抽象思维向高中阶段的“理论型”抽象思维发展,也就是从需要具体、直观的感性经验支持的抽象思维,向根据理论来进行逻辑思维的抽象思维发展。然而在职业学校这个特定教育环境下，学生接触到的新课程，有许多是初中阶段未曾学习过甚至是未曾听说过的内容，因此，根本没有具体、直观的感性经验。另外，由于职业学校所培养的人才必须有较强的实践能力，在专业培训中，同学们要获得大量的具体、直观的感性经验，所以职业学校学生的思维发展有别于普通高中。

职业学校的各种教学活动不是单纯地让学生死记硬背一些技术原理或法则，而是充分利用学校的、实验室、实习场所，以及企事业单位提供的物质条件，让学生不断地观察各种技术现象或各种事物之间的联系。强调了解事物的现象与本质之间的联系，使学生的思维活动既借助于直观经验，又借助于概念。因此，职业学校学生的思维发展，将是"经验型"抽象思维与"理论型"抽象思维交替发展。

随着年龄的增长、知识经验的丰富与思维水平的提高，想象的内容丰富性也达到一个新的水平，想象中的创造性成分逐步增加，想象的现实性不断提高。在艺术表现、科技小发明或社会实践活动中，不少职业学校的学生，表现出丰富的想像力、较高的创造性和务实性，这是他们的创造性想象和现实性品质日趋发展的例证。

二、培养学习动机

学习动机是引起学习活动的动力机制，是学习活动得以发动、维持、完成的重要条件，并由此影响学习效果。经验表明，在智力条件相同的情况下，学习动机强的学生必然取得较好的学习效果。学习动机之所以能影响学习效果，是因为它直接制约学习积极性。学习积极性通常指学生在学习活动中表现出来的那种认真、紧张、主动与顽强的状态。学习积极性高，就能在学习中专心致志，具有深厚持久的学习热情；遇到困难时,能有顽强的自制力与坚强的毅力。反之,缺乏学习动机的学习者,必然缺少学习积极性。

1.学习动机的成因。

学习动机不是先天的或不受外界现实影响的内在力量,它是在社会和教育影响下逐渐形成的。不同时代、不同社会制度下的儿童和青少年,其学习动机是不同的。我国心理学工作者对儿童青少年的学习动机作过一系列的研究。研究的结果表明,目前儿童、青少年的学习动机可以分成四种类型:

第一类,为了好分数,不落在别人后面,或为了得到家人和教师的表扬,为了得到奖励而努力学习。

第二类,为履行组织(少先队、共青团)交给自己的任务,或为组织、集体(学校、班级)争光而学习。具体表现有,为了入团、争当"三好生"等。

第三类,为了个人前途,为升学、为当专家甚至为自己的出路和未来的幸福而奋发读书。

第四类,为祖国的前途,人民的利益,为实现四个现代化,为祖国的繁荣昌盛而勤奋学习。

实际上,儿童和青少年学习动机的分类很复杂。但在分层次、成系统的学习动机中,有一种动机起主导作用,这种主导动机,往往决定或支配着学习行为,影响着儿童、青少年的心理发展。调查结果表明,整个小学阶段,主导的学习动机是第一类和第二类,低年级以第一类学习动机居多。这就是说,小学儿童一般还不善于把学习与社会需要联系起来,他们的学习动机往往与学习活动直接联系在一起。虽然第二类为了履行社会义务的学习动机也具有一定的社会意义,但这种学习动机仅仅服从于眼前利益和学校的要求,而缺乏远大目标,有待于进一步提高。中学阶段,学习动机有两个明显的特点,一是学习动机的分化程度随年级的升高而逐渐复杂化。二是初中和高中毕业班的第三类学习动机的比率要高于低年级。某职业学校思想教育工作者,曾做过一份问卷调查,填写为国家做贡献、为社会创造价值的占21%;为自己实现奋斗目标、为个人幸福的占69%。由此可见,了解学生的学习动机的变化,进而更好地引导与激发他们的良好学习动机,这对提高他们的学习积极性与主动性,促进学生的心理发展是十分必要的。

2.学习动机的培养。

学习活动是职业学校学生心理发展的重要基础,学习动力至关重要。要做到既有明确的奋斗方向,又有动力,则要将理想、学习动机和学习兴趣三者有机地结合起来。

(1)树立远大的理想。

作为跨世纪一代的青年学生,应该意识到自己所担负的历史重任。为把我国建设成为富强、民主、文明的社会主义现代化国家,就必须提高劳动生产率,必须实现科学技术的现代化。谈到人才,不仅仅指高层次的专门人才,在现实生活中,无论是工厂、农村,还是第三产业,岗位成才的事例层出不穷。如果没有大批高素质的劳动者,要提高经济效益是很困难的。而同学们身处的职业技术学校就担负着为社会主义经济建设培养高素质的劳动者和中等技术人才的重任。因此,同学们要将自己的人生理想同祖国的命运联系在一起,树立爱祖国、爱人民的思想和对国家的社会责任感,不能一切只考虑个人利益。高尔基曾说:“我常常重复这一句话:一个人追求的目标越高,他的才力就发展得越快,对社会就越有益;我确信这也是一个真理。这个真理是由我的全部生活经验,即是我观察、阅读、比较和深思熟虑过的一切确定下来的。”

某中专学校的教师曾在一年级的一个班进行了一次问卷调查,其中问道:“你为什么要报考中专?”回答“解决户口问题”、“中专生学习轻松,待遇也可以”、“考大学无望”、“父母意见”、“早日有一个工作”、“减轻家庭负担”的共占70.3%;回答“为四化建设”占19.9%。从上述数据看,大多数学生在中专的学习活动上并无太高的目标,而是满足于捧上铁饭碗、早日就业、追求轻松舒适等。作为一名职业学校的学生,若无更远大的理想,不能将自己的前途事业与社会的需要紧密联系起来,那他在学习中则缺少长远的、稳固的学习动机,一旦在学习活动中遇到挫折,便很容易出现厌学情绪。况且,即便是混到毕业,走向社会,也会因其知识与技能不能满足社会需要而被淘汰。

树立了远大理想的学生,其学习动机属于第四种类型,在学习活动中,积极性与主动性会有很大提高。对于所学专业的一切都希望了解,对时间十分珍惜,能制订详细的学习计划,对教师和报刊上介绍的一些伟人如何勤奋成才的事例,能仔细研读,并且喜欢把一些符合自己心意的伟人的名言警句摘录在日记或笔记本上,以激励自己去实现未来的目标。

(2)激发学习兴趣。

兴趣是一种特殊的意识倾向,是动机产生的重要的主观原因。学习兴趣与心理发展有着密切的联系,任何有成就的人,他们都热衷于自己的事业或专业,甚至达到了入迷的程度。成功的秘密就在于强烈的兴趣和爱好,从而产生无限的热情,这是勤奋的重要动力。兴趣和爱好吸引学生去从事活动，去思考问题，这些外部和内部的活动又促进心理的发展。

学习兴趣的激发，有外部因素和内部因素。教师在讲授课程时，如果能够从学生的实际知识、技能水平出发，创设新的问题情境，并提出恰当（难易适度）的学习任务，引导学生探索新的问题，这通常可激发学生的学习兴趣。当学生在自己的努力下获得结果时，心理上便会得到一种满足感，对进一步学习有了自信，而且会更有兴趣。这样激发的兴趣属于外部引导，与教师的教学水平有关，而且并不稳定。在职业学校，一般在入学时就要进行专业介绍，进行热爱专业的教育，并明确学校的培养目标。当同学们对专业目标有所了解，经过自己努力学习，感觉到自己正在逐步接近培养目标时，就会对学习越来越有兴趣，学习动力也越来越大。这种来自于对专业本身的兴趣是稳固和持久的。

实际上，在职业学校还存在着课外活动激发学生学习兴趣，从而促进专业学习的情况。这通常是学生通过参加一些课外活动小组，像书法、棋类、摄影、科技小制作等，取得了成功，树立了自信心，迁移到专业学习中的结果。参加课外活动，能够促使同学们扩大视野，丰富知识，促进心理发展。

三、掌握学习方法

有了合理的课程设置和高质量的、适用的教材，并不能保证学生学到知识与技能，实现德、智、体等的全面发展。同样，明确了学习与心理发展的关系，有着强烈的学习动机，也并不意味着学生就一定能提高学习效率。采用什么样的学习方法，对于每个学生来说，有着不可低估的作用，方法正确就会产生事半功倍的效果。

1.掌握学习方法的必要性。

学习是一种个体行为，适用于别人的方法未必适用于自己；而且不同的课程也有不同的学习方法。但是无论学习什么课程，都存在着应该掌握的某些普遍的原理。这些原理使同学们能够更为有效地制定出相应的学习方法和学习计划，提高学习效率。

事实上，学习的成功不仅要靠能力和勤奋，而且也需要有效的学习方法。在同样的时间里，有些学生能比另一些学生做更多的事情，而且并不困难。这里的确有个人的能力问题，但能力决不是唯一的因素。在职业学校学有所成，当然要有相应的智力水平，但有一些智力水平不低的学生并没有获得成功，这说明仅靠智力是不够的，还需要刻苦学习并掌握有效的学习方法。有些重要的学习技巧，比如像记笔记、整理笔记、制订计划等，都必须学会身体力行。特别要指出的是在中小学里学到的学习技巧，不一定能适用于职业学校的学习。例如，通过课本进行学习时，最有效的学习方法是什么？可能有三种可行的方法：第一种，单纯阅读和反复阅读；第二种，在课本中重要内容和要点下面划线；第三种，阅读时做纲要性的笔记。这些方法可能是同学们已经采用或正在采用的方法。国外已对这些方法的效果进行了大规模的研究。在历史学科方面的研究结果表明，在具备了下述两个条件时，第三种方法是最佳的。这两个条件是；第一，必须先把课文通读一遍，以求得到一个总的印象；第二，学生必须用自己的话来做笔记。若没有记笔记的习惯和未受到这方面的训练，那么第三种方法实际上还不如第一种方法有效。这个例子是在历史学科得出的研究结果，那么其他课程如何呢？这就要靠同学们自己选择适合于你的方法。

2.如何听课及做笔记。

目前,在职业学校中大多数课程都是直接讲授式的,特别是那些以传授知识、方法为目的的课程。因此,如何听课就显得格外重要了。从表面上看,教师讲,学生听并做笔记,对学生来说是被动式的。实际上,学生听课并不是被动的也不应该是被动的。因为学生并不是一台录音机,而是具有思维能力的人。教师所讲的内容对学生来说应该是激发思维的过程,学生要主动地对教师所讲的内容进行思考,把它接受下来并尽力将所讲内容与自己已有的知识联系起来。有效地听讲所产生的学习效果通常比读书的效果要好,这是因为,在学生亲身参与的情境中,更容易受热情和态度的感染。此外,一名好的教师,能够比书本更有效地组织和综合本学科各方面的内容,而且能根据不同学生的需要给予区别对待。在新知识、新技术层出不穷的今天,教师在授课时会及时将一些书本上没有的内容介绍给学生,因此,上课比起书本来,能较快地反映专业的新发展。

在小学和初中上学时,同学们可能还不习惯记课堂笔记,上职业学校以后,同学们必须学会记笔记。有一项研究是这样的,在开始讲课后 9 个星期,对听课的学生进行了一次测验。做笔记的学生掌握了 65% 的授课内容,而不做笔记的学生只掌握了 25%。做笔记的同学在测验前能够按照笔记进行复习,而其他同学只能偏重以前的那点记忆。

做笔记的详略程度从逐字逐句有言必录到寥寥数笔不等,究竟记到什么程度合适呢?有三种方式供同学们选择:第一种,尽可能做完整记录;第二种,做提纲式的笔记,在必要时,可以较为详细地记下一些定义、图表等;第三种,只作概略的提要，或根本不做笔记。第一种方式使学生忙于记录，不能随着教师的思路去思考，因此不宜采用。第三种方式只记题目或根本不记笔记，也是不恰当的，除非教师讲课内容是“照本宣科”。第二种方式给人以极形象的感觉，而且很容易从记忆中再现出来。由于同学们并不是自始至终都埋头于做笔记，因此在听课时就可以把时间更多地分配于理解所讲的内容。记笔记时应在各题目之间保持一定的间隔，并留下足够的空白，以便整理笔记时补充内容。

记好笔记并不等于完成了学习过程，应该在当天就复习笔记并对其加以充实，这样就能使同学们对所学课程加深理解和记忆。

3.SQ3R 学习法。

SQ3R 学习法有利于系统地学习、巩固新知识，特别适用于读教科书和需要精读的书，这种方法在国外已被证明是很有价值的。SQ3R 是英语 Survey、Question、Read、Recite、Review 五个词的第一个字母的合写，意指：浏览、提问、阅读、复述、复习。

浏览，目的在于了解一本书的大概。先看序言、内容提要、目录、参考文献等，并且迅速浏览一下全书。在这样做的时候，同学们要始终牢记自己的学习目标，牢记教学大纲的要求，对全书有一个概括性的了解。

提问，这是要略读一下书的主要部分，提出一些问题。这样做是很有好处的，它能激发同学们的学习动机，并明确读书的目的，促使同学们整理和思考已有的相关知识。提问使读书变成主动、积极的和有批判性的学习过程。

阅读，要求慢而生动地阅读，要深入理解，思考问题。不能用平时看小说、杂志时的速度来阅读一本内容严谨的教科书。对于章、节、题目,在阅读时最好能记住,形成框架。此外,还需经常翻翻前面的内容,以回忆起某些事实或争论点。在阅读过程中还应该做读书笔记。

复述,单纯阅读是不够的,要对各部分内容进行回忆、复述。这里所说的复述并非指的是逐字逐句地去记忆或背诵(公式、外语单词等除外),而是指要概括出某段材料的主题。这样的概括可以为以后对具体内容的复述提供一个框架。按照有关经验,掌握一般难度的材料,通常要阅读并复述四、五遍。

复习,根据复述的情况,及时地进行复习,既要全面又要有重点。不能认为复习只是临考前才需要做的事。在关于记忆的研究中,有一个重要的结果是,对于需要长期记忆的那些材料,必须学习再学习。每学习一次,记忆就更巩固一层,遗忘的进程就会更慢。

同学们要认识到,在 SQ3R 学习法中分配给每一步的时间都要依专业内容而定,没有人能告诉你需要多少时间,这些都需要同学们在亲身实践时掌握。

4.如何复习考试

从小学到初中,不知经历了多少次考试,但是不是每位同学都对考试技巧运用自如吧?正确对待考试,认真地进行准备,较好地运用考试技巧,可以使成绩得到更大的提高。考试就是检查同学对一门学科学习的效果,所以,准备考试的最好方法是养成系统地、有秩序地学习的习惯。举行考试的一个好处就在于它能迫使学生去复习以前学过的知识,去处理比平常范围更大的学习内容,并以更全面的观点去领会各部分与整体的关系。在复习时,要充分利用笔记,也可以试着推测一些考题,在翻阅笔记时自己问一下,对于各部分,可能会出一些什么样的考题。要学会安排复习时间,不同学科的复习应分开进行。每个学科的复习也应分成若干部分,在每个部分开始时,可对前一部分的复习情况进行回忆,临近考试前,还应该避免焦虑。适度的紧张感可以提高人的竞技状态,但高度紧张和过分焦虑都是有害的。要学会调整自己的情绪,避免焦虑。消除焦虑最好的办法就是对自己应试能力建立信心,如果考前是按计划系统地进行复习,那么随着自己取得每一步进展,信心也就会逐步建立起来。

考试技巧也是很重要的,下面有十条建议供同学们参考。

①在考试前要准备好考试用具,如钢笔、尺子等,发下考卷后,要认真填好班级、姓名等内容。

②答卷前应迅速浏览一下全部考题,明确题目的难易程度,确定答题的先后顺序。

③按先易后难的原则答题,要先做容易的和会做的,把最无把握或不会做的题目放到后面去做。

④做题前,要非常认真地审题,切实搞清题意和答题要求,特别是一些关键性词汇,像“论述”、“比较”、“简述”等,要确切理解这些词的意思,避免所答非所问的现象。

⑤做题时不要匆忙选择答案。要在对问题有了通盘考虑,真正把握了问题的本质的基础上做出最后选择。

⑥对无法确定的题目要沉住气推敲,必要时可进行合理猜测,也不要让某些题目空着不答。

⑦在要求以短文形式回答问题的考题中,要先列出一个提纲,将要点包含在提纲里。如果不列,很可能会偏离要点而

离题。

⑧在要求计算的题目中,要仔细检查计算的过程,防止因某一步计算失误而造成整个计算结果的错误。

⑨保持答卷纸的整洁,字迹务求清晰好认、工整美观。

⑩不要和其他考生比着交卷,只要有一点时间,就一定要把个人的卷子再仔细检查一遍,力争改掉因粗心、紧张所造成的错误,如弄混题号、笔误等。

这些考试技巧看起来都是小事情,但正是这些小事情,却成为某些学生考试失败的重要原因。顺便说一下,某些学生对待考试采取不正当的作弊手段,这是严重违反校纪的行为。在心理学实验中发现,如果有作弊企图,就会抑制正常的思维活动,使本来应该会答的题目也变得不会回答。因为他的兴奋中心在于如何作弊而不是如何回答问题。因此,同学们要正确对待考试,不应有投机心理。

第二节　择业中的心理问题

职业学校的学生在入学时,已经对职业进行了第一次选择,这是职业学校学习生活的基础。经过 3 到 4 年的学习使大多数学生对所选的专业由不了解到熟悉、到热爱、到努力学习刻苦钻研,具备了较好的职业素质,思想也非常活跃。选择什么职业,选择什么岗位,从事什么样工作更适合于发挥自己的作用,为社会创造更大的效益。这些问题对学生、学校、家庭乃至国家都是非常重要的。有些职业学校开展了职业指导活动,为学生根据自己的能力、兴趣、气质、性格等特点,结合国家需要和有关职业信息,恰当地选择工作提供了方便。对于没有机会接受职业指导的学生,我们将就能力、兴趣、气质与职业选择的关系谈一些参考性意见。

一、了解职业,了解自己

1.树立正确的职业观。

职业就是个人在社会中所从事的作为主要生活来源的劳动。职业劳动,不仅为个人谋生,同时也是尽社会义务。职业观是人们对职业的基本观点与基本态度。职业观是人生观的重要组成部分,它包含如何看待人类职业的本质,职业的价值观、职业理想、职业道德等丰富内容。

同学们在职业学校的学习与社会实践中,随着年龄、知识、技能的增长,有关职业方面的知识也不断丰富,逐渐形成了职业观。个人主义的职业观,其职业目的是为了个人名利和金钱。集体主义的职业观,其职业目的是为了国家和人民的利益,是将个人的职业理想与国家的命运和社会的发展结合在一起,是人类历史上最完美、最高尚的职业观。正如马克思在《青年在选择职业时的考虑》一文中指出的:“历史承认那些为共同目标劳动因而自己变得高尚的人是伟大人物;经常赞美那些为大多数人带来幸福的人是最幸福的人;……人人敬仰的理想人物,就曾为人类牺牲了自己——有谁敢否定这类教诲呢?”

职业理想是人们在职业上依据社会要求和个人条件,借助想象而确立的奋斗目标,它是人们对职业活动和职业成就的超前反映,是人生理想的重要组成部分。职业理想作为人生追求的目标,对于一个人能否沿着正确的道路前进具有重要的意义。许多伟大的革命家,都是在年轻时就树立了远大的职业理想。如马克思在求学期间就树立了“为人类服务”的职业方向。立志为人类的解放事业而奋斗，而绝不寻求“可怜的、有限的自私自利的欢乐。”职业理想也与动机相关，一个人所确定的职业理想越远大，他的动机就越强，驱动力就越大。同学们应该树立共产主义的人生观和理想，作为社会主义社会的青年，决不应该仅仅为了个人和小家庭的幸福而活着，人生价值在于为社会为人民谋利益，谁为社会创造的物质、精神财富越多，谁实现人生价值就越大。因此，同学们应该懂得：一个人对职业理想的追求和选择，只有与整个国家、社会和人民的利益和需要相一致时，才具有意义，才能因此而实现人生的最大价值。

职业学校都开展了职业道德教育，职业道德作为社会道德在职业活动中的具体体现，具有重要作用。职业道德和职业技能是衡量一个人职业素质的两个重要方面。如果只掌握职业技能，而不具备职业道德就不会自觉地、高质量地做好本职工作；反之，如果职业道德较好，而没有过硬的职业技能，要做好本职工作也只能是一句空话。因此，合格的劳动者，既要有良好的职业道德又要有过硬的职业技能。

2.职业的分类。

据国际职业分类词典介绍，现代社会职业分类有 3 万多种。这是在社会分工和劳动分工的基础上划分的。我国国民经济目前划分为三个产业，即第一产业，第二产业，第三产业。在产业下面，又划分了 13 个行业，在劳动分工上又产生了不同劳动岗位，也就是不同的职业岗位。我国的职业划分为八个大类，63 个中类，303 个小类。不同行业和职业存在着交叉联系，一种行业可以包括许多类职业，一种职业也可以存在于许多行业之中。但是，每种行业都有一类为主的职业。例如，商业中,有售货员、业务员、财务人员等职业,其中售货员是主要职业,而财会人员不仅存在于商业,在学校、机关、工厂等单位也都需要财会人员。

(1)第一产业及其有关职业。

第一产业包括农业、林业、畜牧业、渔业和水利业,在我国拥有的劳动者最多,在占世界7%的耕地上,基本上解决了约占世界1/4人口的温饱问题,这是我国第一产业所取得的举世公认的成就,同时第一产业也是需要大力发展的产业。第一产业的职业主要是:农艺师、农业技术员、畜牧师、兽医、农业劳动者、农业机械操作人员、茶农、果农、牧民、渔民、猎人、林业劳动者、水利工程技术人员、水利工人等。

(2)第二产业及其有关职业。

第二产业包括工业和建筑业,工业可分为重工业和轻工业两大类。重工业是指以生产生产资料为主的工业,包括冶金、电力、石油、煤炭、化工、建筑材料、机械制造等工业部门。轻工业是指以生产生活资料为主的工业,包括纺织、食品、制药、造纸、服装、家具等工业部门。

第二产业的职业基本分为三类:

①工人。工人是生产第一线上的劳动者,是主体。在第二产业中,每一类行业都包括许多工种,如炼钢工、机床工、电工、管道工、缝纫工、拣字工、抹灰工等,每一个工种都有本工种的技术等级。工人的技术等级目前按初、中、高三级划分。

②工程技术人员。负责产品的开发、研制、设计、工艺、技术管理及处理和解决生产中出现的技术问题。工程技术人员是产业的一支重要力量,对于推动生产力的发展起着明显的作用,工程技术人员的技术职称按技术员、助理工程师、工程

师、高级工程师划分。

③经营人员。主要指从事生产的计划、组织领导、业务管理的负责人员(如厂长、书记等)及一般的计划、统计、财务会计、生产调度和从事工会等群众团体工作的人员。

(3)第三产业及有关职业。

第三产业主要是指除第一、第二产业以外的流通和服务两大部门。第三产业范围大、行业多,按照对社会经济的作用不同分为四个层次。第一层次是流通部门,包括运输业、邮电业、商业、饮食业、物资供销和仓储业;第二层次是为生产和生活服务的部门,包括房地产管理、公用事业、金融保险业、地质普查和勘探业、居民服务业、旅游业、咨询服务业和综合技术服务业等;第三层次是为提高科学水平和居民素质服务的部门,包括教育、文化和广播电视、科研、卫生、体育、社会福利事业等;第四层次是为社会公共需要服务的部门,像国家机关、党政机关、社会团体、军队、警察等。第三产业的职业主要有:司机、售票员、邮递员、报务员、营业员、售货员、仓库保管员、家电修理工、厨师、餐厅服务员、医师、护士、教师、保育员、检查员、警察、军人等。

3.能力与职业。

能力包括一般能力和特殊能力。学生的一般能力可以通过智力测验和考试反映出来。一般能力是完成各种活动都必须具备的基本能力,它是同学们了解自己能否胜任某种职业的依据之一,与职业选择具有更直接的联系。学生的特殊能力需要进行专门的特殊能力倾向测验或由专业人员实际考查才能够鉴别。例如,线条比较能力,色彩分辨能力,空间透视能力,是取得绘画成就的必备能力要素;肌肉的力量,柔韧性,灵活性，耐久力，跑、跳、投、接、踢的基本运动能力，以及构成某种专门运动技术的专业技能，是获得体育成就的特殊能力要素。因此，有些职业学校在招生时要对学生进行面试和测试，这是对学生职业选择负责任的表现。

我国最早的一套职业能力测验是1988年由北京人才评价与考试中心（简称BEC）参照美国的《职业能力安置量表（CAPS）》开发的，称为《BEC职业能力测验（I型）》。它包括八个分测验，有：机械推理、空间关系、言语推理、数学能力、言语运用、字词知识、知觉速度和准确性、手指速度和灵活性。八个分测验的分数可以按不同权重组合成科学理论研究、熟练技术工作、服务行业等十四大类职业上的成功潜力分数。在成绩报告中包括一至三个最容易获得成功的职业类别和若干个比较容易获得成功的职业类别。

由于同学们的能力本身正处于发展之中，一些职业能力可能处于潜在状态之中，仅靠简单的自我观察是难以发现的。这时，可以求助于职业指导教师，对自己进行能力测试，从而了解自己的能力和发展潜能。还可以选用一些能力问卷进行自我测试。不过，职业能力的发展需要客观条件，但更需要学习者坚强的毅力、锲而不舍的学习精神。即使通过一些测试，发现自己具有某种能力发展的可能性，要让这种可能性转变为现实性，只能靠持之以恒的努力。

4.兴趣与职业。

兴趣与职业上的成功，不仅受到个人能力的制约，而且与人的兴趣和爱好有密切的关系。那些取得卓越成就的人，不仅具有一定的能力，而且往往具有对自己所从事工作的强烈兴趣和执著，执著的兴趣往往是职业成功的重要条件。同学们在报考职业学校时,可能是出于对某些喜爱,但也可能是其他原因。即使是出于对专业的喜爱也并不等于就形成职业兴趣。

兴趣也是职业选择的依据之一,了解一个人职业兴趣的途径之一是采用职业兴趣测验或问卷的方式。《BEC 职业兴趣测验》是北京人才评价与考试中心参照国外资料编制的。该测验包含有关职业兴趣方面的 168 道题,根据被测者选择项目的分数,可以显示出受测者对哪些职业领域的兴趣更强烈一些。同学们可以在职业指导教师的帮助下,或在有关部门进行职业兴趣测试。需要说明的是,职业兴趣测试只能作为同学们了解自己的一种手段,兴趣只能代表个人在职业方面的认识倾向,但并不意味着了解了自己的兴趣就完全了解了自己。因此,还应当把职业兴趣与职业能力和气质类型结合起来分析,这样,才能为自己的职业选择作好心理上的准备。

5.气质与职业。

前面我们曾向同学们介绍过气质及其类型,一般说来,不同气质类型与职业选择也有一定关系。多血质的人适宜从事外交、管理、军事、驾驶、纺织、服务、医疗、法律、体育、新闻等工作;胆汁质的人适宜担任导游、推销员、节目主持人、外事接待人员等;粘液质的人适宜担任法官、出纳员、保育员、话务员、会计师、播音员等;抑郁质的人适宜从事校对、打字、排版、化验、刺绣、保管、机要秘书等工作。

当然,气质类型与职业选择的关系只是相对而言的,许多职业,例如,教师和作家,各种不同气质类型的人都可以从事,并且都能取得很好的成就。此外,典型的属于某一气质类型的人也不是很普遍的，许多人往往属于两种或多种气质类型的混合型。

为帮助同学们更好地了解自己，下面提供一个《评定量表》，量表中的问题无所谓对错，回答不限时间，答案可随意修改。不理解的词句可以询问。为使评定结果准确，以便更好地向你提供帮助，务必真实作答，以免作出错误的分析和判断。

请把你的回答填写在“信息统计表”的各个栏目里。

第一单元　兴趣——你喜欢做什么

下面列举了一些十分具体的活动，这些活动无所谓好坏，如果你喜欢某一活动，就在“信息统计表”的相应题号旁边划个“√”，如果不喜欢，就划个“×”，如果不能够确定你是否喜欢，就划个“?”。注意，这一单元主要确定你的兴趣，而不是让你选择工作，你喜欢某种活动并不意味着一定要从事这种活动。答题时不要考虑你是否干过这种事情和是否擅长这种活动，只根据你的兴趣直接判断就行了，用不着深思。要尽可能明确地划“√”或“×”，少划“?”。

人

1. 向人介绍电影或电视节目
2. 帮别人制定工作计划
3. 当领导或头头
4. 组织文体活动
5. 帮助解决朋友间的矛盾
6. 带头组织俱乐部或业余爱好小组

7. 当教师
8. 做宣传工作
9. 当导游
10. 帮助别人解决困难
11. 做服务性工作
12. 参加集体活动
13. 为别人出主意
14. 同别人谈心
15. 做少先队校外辅导员

资　料

1. 办事前先作预算
2. 收集并分类保存各种资料或物品
3. 校对文章或笔记
4. 打算盘
5. 做记分员
6. 统计调查数据
7. 计算集体活动的开支
8. 清点生活用品
9. 计算存款的利息
10. 管理档案或图书
11. 核查个人收支情况
12. 核对账目和单据
13. 当会计员
14. 抄写文章、表格
15. 当现金出纳员

物

1. 养植花草
2. 织毛衣或刺绣
3. 操作计算机
4. 制造玩具
5. 修理仪表
6. 安装修理电器
7. 操作检修机器
8. 驾驶摩托车
9. 做衣服
10. 制作或加工食品
11. 修理自行车、缝纫机等
12. 做家具
13. 为别人理发
14. 画机械图
15. 使用电子仪器、电动工具

观　念

1. 读科幻小说
2. 观察植物的生长情况
3. 在动物身上做实验
4. 阅读自然科学书籍或杂志
5. 搞技术革新
6. 做化学实验
7. 做物理实验

8.读推理小说

9.研究哲学

10.创作歌曲

11.画画

12.猜谜语

13.阅读社会科学方面的书籍或文章

14.写小说、诗歌或别的文艺作品

15.解数学题

好,你已经完成了以上四部分题目。下面数一数每部分划“√”的数目,填入“小计”栏中,便是你在这部分的得分。哪一部分的分数高,表明你在这方面有更多的兴趣,或者说你更喜欢这方面的活动。如果你在两部分或几个部分中所得的分数差不多,请检查一下你的每一个回答,必要的话做一些改动,尽量减少“?”,如果仍然看不出有什么偏重那也没关系,继续做下一个单元。

第二单元　经历——你曾做过什么

下面列出了一些日常活动的例子。请考虑你从事这项活动的经常程度。然后在“信息统计表”的相应题号旁写一个数字:若没从事过这项活动,请写 0;若只从事过一、二次,请写 1;若从事过三次以上,请写 2。注意,这一单元主要了解你从前干过些什么,与你喜欢干什么、擅长干什么没有必然关系。

人

1.组织春游或郊游

2.调解同学、同事或邻里关系

3.主动向新来的人介绍情况
4.慰问军烈属或孤寡老人
5.给别人介绍朋友或对象
6.参与筹备一项社会活动
7.被大家推选为某人买礼物
8.说服别人按自己的意见办事
9.混乱场合主动维持秩序
10.帮助某人做出重要决策
11.通过讲故事、说笑话、模仿滑稽动作等逗乐
12.在公共场合主动与陌生人交谈

资　料

1.列物品清单(如工具、衣物、食品等)
2.详细记录自己的花销
3.收到钱后写收条
4.把信件或报纸整理分类,以便好找
5.根据报刊上广告提供的信息买东西
6.为别人校对或抄写文章
7.把邮票分类
8.为自己或为集体列预算表
9.卖东西
10.为俱乐部或其他社会团体管理财务
11.为别人采购东西
12.为买或卖某物与人讨价还价

物

1.修理玩具
2.修理或油漆家具
3.修理房屋
4.使用电锯、电钻等工具
5.修理钟表
6.拆开机器以便了解它是怎样工作的
7.使用油印机、复印机等办公室用具
8.按照说明书装配玩具或电器
9.种植、养殖
10.烹调
11.改装机器以提高工作性能
12.收集岩石、昆虫、贝壳等

观　念

1.参观自然、历史博物馆或科技展览
2.阅读美术或音乐方面的书籍或杂志
3.讨论人口问题
4.向别人请教或查阅有关书籍,以搞清家用电器工作原理
5.参加知识或智力竞赛
6.阅读报刊上对新书、电影、戏剧或音乐的评论
7.收看电视中的科学专题
8.搞小发明
9.参观各类艺术展览

10.了解健身或卫生知识

11.听文学艺术讲座

12.阅读诸如《大众科学》、《科学实验》、《科学画报》等科普杂志

现在你已经做完了有关经历的题目,请把每部分的数字相加,写在"小计"栏里,便是你在这方面的得分。哪方面的分数高,说明你在哪方面的经验丰富。如果四个方面的分数差不多,请你再回过头来看各个题目的记分有无错误,重新算一下各部分的分数。如果确实无误,那么把结果写上就行了。

第三单元　技能——你擅长做什么

这一单元把侧重与人、资料、物、观念打交道的活动各列出三种,确定你具备哪一方面的工作技能。回答时,只考虑对待所列活动是否擅长,不要考虑是否喜欢这种活动。

第一步:比较每一方面活动的三个例子,把你认为自己较擅长的活动的题号填在"信息统计表"的相应栏目里。注意:每方面必须且只能选一个。

人

1.帮助他人解决问题或为他人服务

2.会见陌生人并与他们交谈

3.使别人接受你的观点

资　料

1.做会议、晚会、运动会的预算

2.记住一些人的通信住址或电话号码

3. 分类保管图片、相册、集邮册等，以方便查找

物

1. 烹调或缝纫

2. 使用木工、钳工或电工工具

3. 自己制作某种东西

观　念

1. 理解数学法则、科学概念以及社会发展的规律

2. 理解诗歌、绘画、戏剧或故事的含义

3. 通过文艺作品表达自己的思想感受或用公式定理概括自己的发现与研究成果

第二步：比较一下你所选的四项活动，从中再选出一个你认为最擅长的活动，在你刚写的相应题号上画个圈。这个项目属于哪个技能范围（人、资料、物、观念），便说明你在哪方面技能最强。

做法举例：

假如你在人、资料、物、观念方面分别选择了第 2、3、1、2 项活动，便把这四个数字填入“信息统计表”的相应栏目里。经过进一步比较，最后确定与资料打交道的第 3 项活动为最擅长项目，便在相应栏目的“3”上划个圈。

参看下表：

表 9－1　技　能

人	资料	物	观念
2	③	1	2

第四单元　价值——你对工作最看重什么

本单元列出了人们在寻求工作时最看重的东西,在你尝试选择职业时,它将帮助你更清楚地了解自己的价值观。

几乎没有一项工作能够满足下表中所有的价值。例如:较轻松的工作(价值 8)不一定是报酬高的(价值 1);报酬高的工作可能是社会地位比较低的(价值 7);使你感兴趣的工作(价值 10)可能是不太稳定的(价值 5),如此等等。因此,在选择职业时,很少能处处满意,你只需选出自己最看重的价值就行了。

请仔细看下面列出的项目,确定出哪三种价值对你是最重要的,然后把号码填在"信息统计表"的相应栏目上。如果你最看重的方面这里没有,就请自己写出来。

工作价值选择

在选择工作时,你最看重的方面是:

1.工资高

2.福利好

3.工作容易找

4.工作环境好

5.工作稳定

6.能提供较好的受教育机会

7.有较高的社会地位

8.工作轻松

9.能充分发挥自己的才能

10.工作符合自己的兴趣

11.领导同事关系好

12.工作的社会意义大

第五单元　条件——你对工作环境的偏好

不同的职业,工作环境不同,你愿在哪种环境下工作呢?

下面列出了四对工作条件,从每对中选出你所喜欢的,在“信息统计表”的相应字母上画一个圈。

1.A.在室内工作　　B.在户外工作

2.A.主要与别人一道工作　　B.主要是独自工作

3.A.工作任务经常变换　　B.集中于一种单一的工作任务

4.A.主要从事体力劳动　　B.主要从事脑力工作

第六单元　志愿——你的初步选择

也许你对未来的职业早有考虑,它可能很具体,也可能抽象些,它是什么呢?本单元就是要了解你初步的职业选择。请把你最想干的三种工作或最想读的三种专业,按顺序写在“信息统计表”的相应栏目里。

这不一定是坚定的选择,以后你还可以改。只要把你喜欢并认为有可能实现的志愿写下来就行了。

特殊情况:

如果你想做一名职业军人,那么请选择在军事方面你最乐于从事的具体工作。

如果你想做运动员,那么请考虑一下运动生涯结束后的工作。

第七单元　结果分析与忠告

到此，你已经完成了评定量表的全部项目，对自己有了一个比较全面的了解。现在，你能综合起来考虑，确定自己的专业或职业方向吗？

如果你的兴趣、技能、过去经历都指向与物打交道的工作，你的初步工作选择也是与物打交道（比如做一个机械工人）；而且这种工作也能满足你最看重的工作价值与偏爱的工作环境，那么你的职业选择问题就十分清楚了，下一步要做的就是按照这个方向，把愿望付诸行动——去切实地了解这种工作（与人交谈、去工厂参观等），调查什么地方有这方面的空缺，看看从事这项工作还需要具备什么条件。如果你现在的文化水平或技术水平还不能达到这种工作的要求，你就应该考虑如何通过学习提高自己的水平。《评定量表》已帮助你把工作方向的选择建立在科学的基础上，下面就看你自己的了。

但是，你的兴趣、技能等也可能不一致。比如，你的兴趣在与人打交道的工作方向上，而工作经历却主要是与物打交道，你会感到一时无法作出决策，怎么办呢？

别急，本量表毕竟已经使你对自己的各方面情况有了明确的认识，你已经前进了一大步，接下来的问题是把这些因素综合起来考虑。前面已经说过，每种工作都要与人、物、资料、观念打交道，只是偏重程度不同。你的兴趣、技能、经历的不同偏重也是可以调和的。另外，在确定工作方向时，还要考虑个人的知识结构，以及所在地区是否有这方面的就业机会等现实问题。

你还应该明确，选择职业只是计划未来的第一步，为了得到一个称心的工作，你还需要艰苦地学习、训练；为了实现自己的理想，你可能受到各种各样的挫折。但是，只要你把个人志愿和国家的需要结合起来，脚踏实地，奋斗不息，定会到达胜利的彼岸。有志者，事竟成！

最后，请你把《评定量表》保管好。这是个提倡人才合理流动的时代，每个人一生中都可能多次变动职业，经常用这份量表评定自己，会使你受益无穷。

祝你早日在一个理想的专业或称心的岗位上愉快地学习、工作，最大限度地发挥你的聪明才智。

表 9－2　信息统计表

姓名	性别	年龄	民族	文化程度
学校与年级(或工作单位)				
学校性质：中专学校	职业高中	技工学校		
健康状况(有何生理缺陷或疾病)				
有何特长	受过何种专门教育和训练			
现在做什么具体工作(或担任什么学生干部)				
父亲现在的具体工作：	以前曾做过的工作			
母亲现在的具体工作：	以前曾做过的工作			
兄弟姐妹几人：	本人排行第几：			
你现在或毕业前的学习成绩在班上属于：上等	中等	下等		
学得较好的科目是：	学得较差的科目是：			
毕业考试成绩：语文	数学	物理	化学	
外语	历史	地理	生物	政治

兴趣					经历				
题号	人	资料	物	观念	题号	人	资料	物	观念
1					1				
2					2				
3					3				
4					4				
5					5				
6					6				
7					7				
8					8				
9					9				
10					10				
11					11				
12					12				
13					13				
14					14				
15					15				

技能				价值
人	资料	物	观念	最看重：
				其次看重：
				再次看重：

条件		志愿	
		升学	就业
1.A	B	第一：	第一：
2.A	B	第二：	第二：
3.A	B	第三：	第三：
4.A	B		

二、就业前的心理准备

同学们在考入职业学校时，实际上初步确定了一生的职业方向，经过三、四年的职业定向教育，即将毕业走上工作岗位。在就业前要求同学们有良好的心理准备。

心理准备指的是同学们就业前通过对自己、职业、社会需求等情况的正确分析，使自己正确对待职业选择的过程，那么，怎样进行就业前心理准备呢？

1.客观地评价自己。

同学们已经知道个人的能力、兴趣、气质等与职业选择有关，自己的能力、兴趣、气质如何，要有客观的评价，这是对自己，也是对社会负责。这些评价将使每个同学都能正确地对待自己，正确对待自己所选择的职业。实际上，从选择职业的角度来看，自我概念可以分为理想自我和现实自我。理想自我是指自己幻想中将要从事的职业和创造的业绩；而现实自我则是指后来实际上或可能从事的职业和达到的业绩水平。客观地评价自己也包括要处理好理想与现实的关系。有些同学对自我期望值很高，而在专业知识、技能学习却不过硬，选择工作时硬要到专业技术要求较高，需要独立开展工作的岗位，这显然是不适宜的。

2.职业竞争的心理准备。

当前，随着劳动人事制度改革的深入进行，竞争机制业已引入劳动力市场，职业学校的毕业生要靠良好的职业道德及过硬的专业技能接受择优录用的挑选。优者被择，劣者淘汰，这一严峻的现实摆在每一名同学面前。毕业分配实际上就是职业竞争在学校的表现形式，在毕业生推荐分配期间，同学们不要因为自己未被志愿单位录用而苦恼，要及时调整自己的情绪，准备接受其他单位的选择。如果情绪一直低沉下去，就很可能错过下一次机会。只要认识到，在走上工作岗位之前，竞争是不可避免的，或早或晚都要面临社会的挑选，如果想在未来的职业发展道路上取得更大的成功，就要主动参与职业竞争，努力创造条件，为社会奉献自己的力量。

三、求职技巧

中等职业技术学校包括职业高中、中等专业学校和技工学校。由于办学方式和管理体制的不同，学生择业的途径也不同。不论哪所学校的毕业生都会遇到求职方面的问题，这就需要在四个方面做好准备，即获得职业信息、书写应聘信件、撰写个人履历、参加招工面试。

1.获得职业信息。

适用的职业信息来源种类很多，像报纸、杂志、人才交流中心等，每个人都可按自己的需求，根据自己期望的工作种类、居住和工作地点以及对工作的要求来选择。对于职业学校的学生，获得职业信息的来源主要是学校的分配部门。学校与用人单位联系，并将用人单位的需求介绍给学生。

2.书写应聘信件。

写应聘信件是求职过程中的重要部分，虽然不能说写一封文字漂亮的书信就可保证得到工作，但一封令人不悦的书信却很可能使你失去工作机会。

写应聘信的一般原则是：

①信纸要使用质地较高的带格白纸，不宜太薄。

②文字简练、符合公文格式，书写字迹一定要工整，漂亮的书法将带给招聘人员良好的第一印象。

③用圆珠笔、钢笔或毛笔均可，一定要保持文面整洁，千

万不能用红色笔书写。

④不要使用复印件,需要保存的可将复印件自己存留。

应聘信的内容包括:

①求职说明。主要说明是什么原因促使自己向某单位求职,这时需要谈一下对招聘部门的信心和好感;然后,具体说明自己申请的工作,最后说明自己为什么能胜任这一工作。

②个人经历。介绍自己的教育程度和已有经验。内容要具体,有说服力。比如,自己在校的学习成绩,社会工作能力如何,有何突出的业绩,有何特长等。

③参考资料。在信中告知招聘部门,自己还有哪些书面材料可供招聘单位进一步了解自己。这些资料包括:履历表、有关证明人的姓名、身分和地址等。

3.撰写个人履历。

履历表通常附在求职信中,起到自我介绍的作用。它以最简捷的形式表述求职者的基本阅历。履历表的主要内容有:

①名称。用醒目的、有间隔的形式写出"履历表"的字样。

②姓名及个人情况。除姓名外,个人情况包括:性别、地址、邮政编码、电话、籍贯、出生年月。如果招聘单位对身高、体重有明确的规定,而求职者在此方面又具有优越的条件,可以列出。

③工作目标。写明自己所谋求的具体工作。

④学历。说明自己的文化程度,入学时间和毕业时间,获得的文凭,主修和选修的课程。若接受过课外培训并与招聘单位要求相关,应写明。例如,某同学在烹饪方面接受过很好的培训,而这次正要招收这方面的人员,在学历栏中应详细写

明。

⑤经历。自己曾经担任过的职务，与所求工作相关的经历，特别是能显示自己工作才能的经历，获得的荣誉，课外活动获奖情况，均可列出。

⑥证书。有些职业学校为学生提供了考取“双证”的机会，比如，有些家用电器维修专业的学生，在校期间参与工人技术等级考试并取得了证书，也应列出。

⑦个人志趣和特殊能力。列出个人的职业兴趣和特殊能力，从事过的主要社会活动。

4.参加招工面试。

面试是求职者为了获得某种工作与招聘人员直接交往的过程。求职面试是一个双向沟通的过程，它不仅是招聘部门对求职者的考核，也是求职者通过面试了解招聘部门情况的过程。

①面试准备。面试是求职者与招聘人员的初次交往。为了获得成功，需要做充分准备。

首先，要对面试谈话可能涉及的内容有所准备。招聘单位对求职者进行面试的主要目的是，了解应聘者适应某种工作的能力。因此，可能会谈到经历和培训、职业心理、家庭情况及对招聘单位的看法等。比如，求职者在校期间担任过什么工作，还有一些什么其他的阅历，与教师、同学的人际关系如何，接受过哪些专业技术培训，哪些课程成绩突出，对职业的兴趣、理想、价值观是什么，父母的职业情况及主要社会关系，此外，还会涉及为什么来本单位求职，自己的工作目标是什么等问题。

其次，要对面试的方式有所准备。如果单独面谈，求职者将面对一个或多个招聘人员,这就需要求职者稳定情绪、沉着冷静地回答问题,并要有一定的应变能力。如果是一个招聘人员与多个求职者面谈,这时由于存在着同学们之间的相互竞争,有些同学可能会抢着发表自己的看法,而你则不要急于发表意见,认真地听取别人的看法后,再做出更好的反应。

第三,要做好服饰方面的准备。面试时的穿着打扮是十分重要的。招聘人员有时会通过你的服饰对你产生“第一印象”。同学们在选择服饰时,既要体现自己的个性,也要考虑应聘职业的要求,如果学校有统一的校服,不妨就穿校服,总之,应当衣着得体、大方、整洁。男同学要刮净胡须,发式恰当;女同学可选择适合自己脸型的发式,但不宜过分追求新潮,不要佩带华丽的装饰品。

②参加面试的注意事项。

首先,在出发前应检查一下自己的服饰、头发是否合适;再检查一下随身携带的必备品是否齐备,如个人履历表(复印件数份)、笔记本、钢笔、手帕等。并提前 10 ~ 15 分钟到达面试场地,等候时可熟悉一下环境,查看面试次序表,并认真填写求职表格。

第二,进门前要轻叩房门,得到允许后方可入内;与主持人见面时不要紧张,表现要落落大方,礼貌地向主持人及其他招聘人员问好,并作自我介绍,握手时要有力,充满自信。

第三,回答问题时切记围绕自己的目标,要直接清楚,简明扼要,不能简单地回答“是”或“不是”,不要担心回答“我不知道”,千万不能不懂装懂。对一些一时难以回答的问题,如你对工资待遇的看法和要求是什么?最好的回答是“希望按规定执行”。如果面试时有心理测试,要积极配合,完成后不要问测试的结果。

第四，当谈话的进展不顺利时，不要气馁，要设法打破僵局，也许这正是主持人在有意考验你。在谈话中不必记录，可在面试结束后及时补记。

第五，在回答关于你的经历、能力的问题时，如果主持人手中没有你的履历表，可以递上一份。在介绍自己的情况时，为了说明具有胜任应聘工作的资格，可以用具体事例、在校期间的成就来证实，以补充履历表中的不足。

面试结束后，最好不要向主持人询问面试结果，以免对方为难。最好要向招聘单位或主持人写信致谢。

经过面试后若未被录用，也不必灰心丧气。每一次面试，都为下一次的成功积累了宝贵经验，只要你能认真地进行总结，那么早晚会有一个理想的工作。

再版说明

本书出版后，得到了广大读者的好评及关心。本次再版应一些教师和学生的要求，我们对本书的内容做了部分修改。

2002年6月20日